これさえあれば！
8種の
定番アイテム
着こなし術

# マンガde学ぶ
# 大人の
# おしゃれ

原作
久保田卓也

漫画
矢島光



飛鳥新社

着る服がない！
自分に似合う服がわからない
ファッション雑誌を見ても参考にならない
おしゃれしたいけど二の腕が気になって……
服にお金はかけたくない

そんなあなたに
朗報です!
こちらにいらっしゃるスタイリストフランソワ久保田さんが
ファッションお悩み相談所を（本の中で）開始します!
わたくしアシスタントの矢島光です!!
あと、漫画家ですぅ!!
フランソワ久保田です
洋服に関するお悩み解決します

いやー
女は30歳過ぎると今まで着てた服にどこか違和感を抱くようになるって話をよく聞くんですよ
20、30、40歳っていう節目には誰でも感じる悩みだね 他にも「社会人になった」「子どもが生まれた」「彼氏が変わった」……なんてときにもありがちだ
よし! じゃあまずはアラサー目前の矢島へのファッションアドバイスから……
ちょっと待ってね
実はもうたくさんの先約が
ガーーーン
わさっ
まずはこの人たちの悩みを解決しよう
OH
ぐっ
ピシャーーッ
イエッサ!!
さっそく来たね光ちゃんお願い♡
ハイーッ!!

CONTENTS

デザイン：吉村亮 大橋千恵（Yoshi-des.）

CHAPTER

# 1 白シャツ1枚あればいい

## 大人の定番アイテム#1 白シャツ

ミキさんのワードローブにはどんなのがあるの?
えっと今の時期だと……
無地のTシャツ
タンクトップ
ボーダーT
地味めカーディガン
黒スカート
くたびれジーパン
チノパン
花柄スカート
ジップパーカー
※ワードローブ・・・普段着てる服
ごくふつうの20代前半って感じですね
うんわかった
?
あなたのワードローブに足りないのはズバリ
ご飯だっ!!
ええっ!? ごごはん!?
えっ
えええ
大変だー久保田さんがあえて意味深なワードを出して掴《つか》み狙ってきたぞー
光ちゃんそういうのは言っちゃダメだから
えー 仕切り直しますが〜
それ1着で
おしゃれっぽく見える上に着回し抜群 手持ちの服の全てを活かせるという**ミラクルご飯アイテム**があります!
ええっ!? ホントですか?
心なしかミキちゃんの反応がわざとらしく聞こえますね久保田さん
光ちゃん黙って

それがこちら！
大人女子の定番アイテム
#1 白シャツ
ほー清潔感ある大人の女性って感じ
ほあー…
白シャツなんて私服で着たこと一度もないです
この白シャツ一枚でミキさんの手持ちの服すべてを「おしゃれ大人女子」っぽく見せることができるんだ
イェイ♪私服コーディネートショーだ！
清楚系コーデ
+《プラス》黒スカート
シャツは
第１ボタンまで
かっちりとめて
裾にinすることで
上品な
大人女子コーデに
ちょい色っぽコーデ①
+《プラス》くたびれたジーパン
第２ボタンまで開けて
デコルテアピール♪
手首を見せれば
大人っぽい
ヘルシーな色気が
出せるヨ☆

ちょい色っぽコーデ②
襟立て
+《プラス》チノパン
さらに襟を立てれば首が細く顔が小さく見える効果が♪
ちょい色っぽコーデ③
+《プラス》タンクトップ
+《プラス》花柄スカート
シャツ1枚が恥ずかしければインナーにキャミやタンクトップを着ても◎
白シャツをインナーとして使うコーデ①
+《プラス》パーカー
白シャツのカッチリ感がパーカーのカジュアル感を薄めてくれるヨ☆
白シャツをインナーとして使うコーデ②
+《プラス》地味なカーディガン
肩からかけてもオシャレっぽい♪

シャツをアウターとして使うコーデ①
＋《プラス》ボーダーT
＋《プラス》ジーパン
シャツを薄手の羽織《はお》りものとして使ってみよう！
シャツをアウターとして使うコーデ②
＋《プラス》Tシャツ
＋《プラス》ジーパン
裾を結んでもカワイイ！
すごい！私の服が急におしゃれっぽく見える！
なるほどですね！つまり**白シャツは白ご飯**どんなおかずとも合うミラクルアイテムってことっすね
そのとおり！おかず以外にもいろんなふりかけ（トッピング）とも合うぞ
小物トッピングコーデいろいろ
ベルト
ストール

ネクタイ
スカーフ
ネックレス
やば 私も白シャツ 欲しく なってきた
素材は どういうのを 選べば いいんですか？
襟付きの服 一枚あると コーデがグッと 大人っぽく なりますね
私 おしゃれって もっと 難しいものだと 思ってました！
ストレッチ素材（ポリウレタン入り）だと 人によっては変にエロさが出ちゃうから 綿１００％がいいね
夏なら 麻素材もＧＯＯＤ
おしゃれするのに 高級ブランドや 変わったデザインの 服なんて必要ないんだ

白シャツならユニクロで十分だし！
そっか！
ふふ これで自信をもって彼氏さんと一緒に出かけられますね！
…はいっ!!!
ちなみに彼氏さんはどんな方なんですか？
えっと…！いつもポロシャツの襟立ててさわやかな白のパンツに先のとんがった靴が超カッコいいんです♥肌は冬でも真っ黒でチャラく見えるけど私にはすっごく優しくて♥
浮かぶわ
むしろ彼氏のファッションをなんとかして欲しいっス
矢島的にナシ。
まぁ本人が満足ならそれでいいんじゃない？
久保田的にもナシだけど。
えっ？なんですかー？
イエ、なんでもないです。

# 白シャツ　コーデ例

定番アイテム#2
テーラードジャケット
定番アイテム#4
トレンチコート
どちらとも
相性抜群◎
定番アイテム#7
ワンピース♥♥♥
上にはおっても
カワイイ!!!
アクセントとして
腰に巻くのも
おしゃれだし…
光を反射する白
だからこそ、
リゾートで水着の上に
はおってもイイね♪

# ふっくらさんのシャツおっぱい問題★

必要以上に「女《オンナ》」が出ちゃう身体が原因だね そこにタイトスカートやらハイヒールやらのフェミニン(女性的)アイテムを合わせるから下品に見えてしまう
あーん
じゃどうすりゃいいんですか
おしゃれの基本
「カウンター」(反対の要素)を合わせればいい
例えばメンズっぽいパンツと靴を合わせてやる
ボーイフレンドデニムとかスニーカーとかオジ靴とかね 反対の要素で上半身のエロさを中和すると一気におしゃれっぽくなる
やば あこがれのシャツコーデですわ
あとはシャツ自体をメンズっぽくするのもイイね 身体が女性的なら服を男性的にしてバランスを取るわけだ これならスカートやヒールでも下品にならない
なるほどですね
ぱーん
そうそうデニムシャツとかね

じゃあさ チェックシャツとか 柄シャツは?
やらしさあんまり ないよね?
ズズー
そうだね チェックのネルシャツなんかは エロさ皆無 カジュアルでメンズっぽいもんな だから『グラマーちゃん』なら バランス良く着こなせるはず
問題は ソレ以外の ふっくらさん…
?
平たく 言えば…
デブかデカ女
ヤメロ!!! 聞きたくない!!!
現実から 目をそらすな!!
自分を 客観視する ことがオシャレの スタートライン だ!!!
グラマーちゃんとは逆で 身体が大きく 凹凸が少ない 場合は シャツを着ると 男々しちゃう
と
いうことは…!!

そう 反対に
女性らしい要素を持ってくればいい
フリルやレース使いのスカートや
スキニーパンツにハイヒールとかな
おお〜
自分の身体的特徴を
冷静に見つめ
反対の要素を持つ服を
合わせてやる
これぞ
カウンターコーディネート!!!
おしゃれの基本にして
極意なり!!!
オッケー
私もうオシャレ
マスター
しました
オッケー☆
あ
待って待って
デブ&デカ女にはもうひとつ
『身体が大きい人は小花柄を着るな』
の法則がある
あ そういえば私
小花柄
似合いません
シャツだけでなく
ワンピースのとき
に非常に使える
理論なんだが…
詳しくはまた次回
え――

CHAPTER 2

# ジャケットはだらしない身体にこそ似合う

## 大人の定番アイテム#2 テーラードジャケット

本日の相談者
私服会社勤務：サユリ(31)
30歳を過ぎて何着たらイイかわかんなくなりました…
花柄の肩出しワンピにカーディガンとか着るんですけど 20代前半の女子社員が同じようなの着てるのを見て
「わ 私あれの劣化版だ!! イタイ!!」って思ったらもう着れなくなって…
30代あるあるだなー
別に自信なくすことないのに
まあ 30代なんてシワは増えるし肉はタレるし そんなもんだよ!!
へっ
久保田さん もうちょっと言い方を…
サユリさん ナゼ自分の格好がイタイと感じるのか
僕がアニメを見てる間に考えておいて下さい…!!!
…。
オイオイオイオイ 仕事しろ――!!!

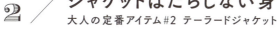

サユリさん？ 朝
着ていく服を選ぶとき
「何」と「何」を合わせてる？
え？ …っとー…
トップスとボトムス…？
あと服と靴 あと色と色？
あ カバンも合わせたり
天気とも!!
……
……
全部
正解
パチンッ
はぁ…
でも
最も大切なものが
抜けている
だからあなたの
ファッションは
イタインだ!!!!
上げて
落とし
た―――
―!!?

えーっと サユリさん あなたに抜けている 合わせるべきもの
それはズバリ 「体」です
すみません 久保田さん チョット おかしー みたいで
いえいえ
マジメです
光ちゃん コーディネートとは 服や小物 天気などの組み合わせ だけじゃなく 何だったっけ？
うーん
服と肉体 着る人の身体も 含めたコーディネート
では、コーデの基本 カウンターコーデとは？
反対の要素を 合わせることで バランスを とること
さて 俺がサユリさんのスタイリング で言いたいことは何でしょう？
!!
ポクポクポクポク
チーーン

歳とってだらしなく
なってきた肉体に
カウンター(反対の要素)
を服で与えて
バランスをとるべし!!!?
正解
パチン
光ちゃんもゆうて
ズバズバ言ってる
からね?
でも それが
30歳からの
女性のオシャレの
キモ…ってこと
ですよね…?
そう 己の肉体を
無視して服だけを見て
あーだこーだ
コーディネートしたって
そりゃダメだよ
なるほど
ですねー
さて では歳をとって
「ハリがない」や「だらしない」
の反対要素って
服でいうとどんなのだ?
えーっと
**「ハリがある素材」**
**「カッチリしたデザイン」**
**「ジャストなサイズ感」**
とか?
その通り!
若いうちは肌にハリが
あるから
カウンターとしてのだらしない
カジュアルな服が似合う
ところが加齢とともに
身体がだらしなく
なってきたら
今度は反対に
**「カッチリしたキレイめな服」**
が似合うんだ
カッチリ キレイめ…

テーラードジャケット
なんか良さそう
ですよね？
お
光ちゃん今日
調子いいな
ではそのノリでサユリさんに
大人女子の定番羽織もの
テーラードジャケットを見立てて
あげなさい
私は
弱ペダを
見ます
ハイこれ
アドバイスメモ。
そんな堂々と!!!!
仕事してよ!!!
大人女子の定番アイテム
#2 テーラードジャケット
☆サイズは肩であわせる!!
袖の長さはお直しで調整できるし
まくって着ることもできる◎
まずは肩がぴったり
収まるものを探して、
その中で袖と丈が合うものを
選ぶこと!!
☆インナーは
薄手のものを!!
あまり厚手のものを着ない前提で
肩入れをチェック!!
春夏はTシャツの上に、
秋冬ならブラウスや薄手のニットか
トレーナーの上に着るイメージで◎
分厚いトレーナーや
ニットと合わせるな！
今回は、かっちり
ジャストサイズでキレイに
ものじゃないと
カウンターに
ならない!!
久保田さん
かわいいメモ
書くなぁ…

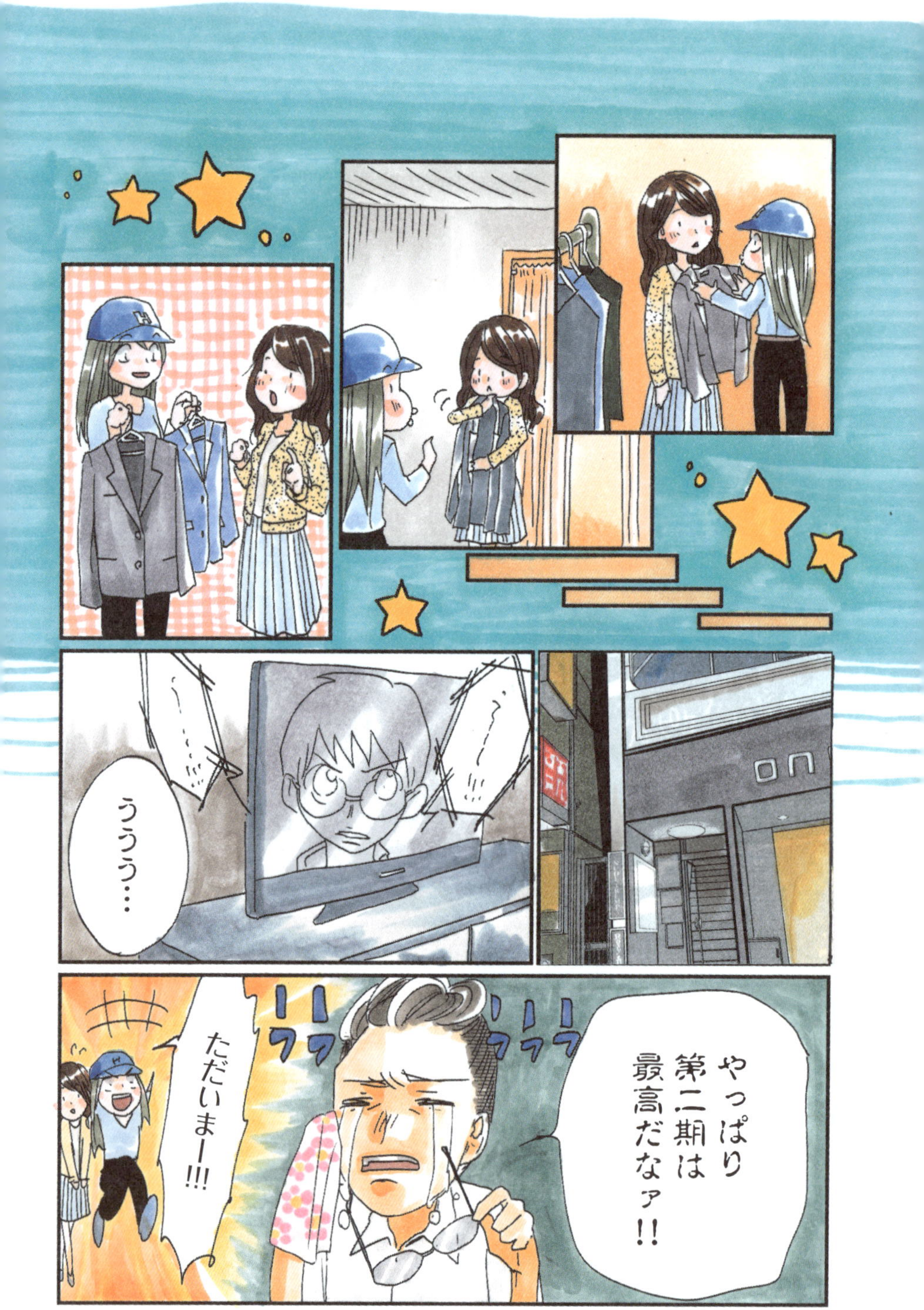
ううう…
やっぱり第二期は最高だなァ!!
ただいまー!!!

あ　おかえりー
ズズズッ
言われた通りベーシックだけどウエストがほどよくシェイプされた飾り気のないシンプルなデザインにしました
コレ。
黒
真夏以外で年中着れる素材にしたよ
ズズズッ
うん　イイんじゃないかな
ユラァッ
リファ
アニメを見ない!!!
おおお
ストレッチが効いててシワになりにくい!!!　最高のセレクトじゃないの
でしょでしょ!!
でも2万3千円で予算少しオーバーしちゃいました
うんうん　理想通りのものを買ったらそれくらいするだろうね　でもシッカリした値段な分安物の服とも合わせられるし　イイんじゃないかな
あ!
バーゲンで買った花柄のワンピースがあったはず…
うん　それに合わせて着てごらん!

あ 大人かわいい!!
この場合ジャケットには2つのカウンター作用がある
ひとつは だらしなくなってきた肉体に対するカウンター
もうひとつは
値段…
ですか?
その通り!!!
安物の服に高い服を合わせるというのもまたカウンターだからね
ある程度お金に余裕がある大人のためのおしゃれテクだ!!
大人のおしゃれテク…
ほぅ…
30代にしかできないおしゃれがあるのかも
ヨカッター!!
実は5千円くらいのペラペラジャケットと迷ったんだけどサユリさんが「こっちがいい」って!!

初めてのジャケットなら
まずは
ファストファッションで
お安く一着買ってみて
様子を見るのも
アリだけどね
なるほど
ですね
今回はお二人の
アドバイスがあったから
自信を持ってイイ
ものが買えました!!
アニメ
見ながらの
レクチャー
だったのに
そう言って
くれるサユリさん
優しいですね…。
うっ…。
そう
だね…。
決して「高ければ良い」
という訳ではないし
良いものは
それなりの
値段するよ。
無理して最高級品を買う必要もないけど
せっかく大人になったんだから
少し背伸びして良いものを
着るのもおススメだ

久保田さん、光ちゃん

こんにちは、サユリです。

お二人のおかげで手に入れることができたあのテーラードジャケットは、
私のコーディネートのメインとして日々大活躍中です。

何より『カウンターコーディネート』という考え方を教わったことが、
私の中で一番の財産となっていて、
最近ではダメージジーンズやシワシワのロングスカートといった
『ちょい汚なアイテム』と合わせることで
『ジャケットの小綺麗さ』をうまくコーディネートに取り入れたりしています。

カウンター、これで合ってますよね？
おかげさまで50歳、60歳になっても身体に合わせた服選びができる自信がつきました。

年をとってもおしゃれが楽しめるって、
こんなにウキウキすることだったんですね。

本当に本当に、どうもありがとうございました！

テーラードジャケット コーデ例
"カウンター"（反対の要素と合わせる）が、ポイント♡♡♡
ショーパンや ムートンブーツ といった カジュアル アイテムと あわせたり
大人カワイイ♡ よそいきスカートと あわせたり
スポーティな スニーカーと あわせたり
もっとラフに ジージャンや スウェットパンツと あわせたり

# 成功率100%!「袖まくりダイエット」★

How to シャツ3重折り!!
①1度ヒジ近くまで一気にまくってから
②折り返した部分をさらにもう一度折るとそこで絞まって止まる
③ここから袖先を逆に折り戻してボリュームを出してもいい
★几帳面に折りたたむよりもちょっと雑にまくったほうがボリューム出やすいからオススメ!
ハリのない素材だとうまく止まらず垂れてくることもあるからその場合はさらにもう一度折る(3重)かヘアゴムで止めちゃう
スタイリストテクだぜ!!
確かに袖にボリューム出すと腕が細く見える
近くに大きなものがあると対比効果で小さく見える
中央の●はどちらも同じ大きさだけど、左の方が小さく見えるでしょ?
実はコーディネートの多くがこういう錯覚を利用している
How to ジャケット折り!!
厚手のジャケットなら1回やや薄手なら2回、シャツジャケットみたいな夏用の薄い素材なら3回以上まくっても良い!
1回折り
最初から7分袖になってるジャケットもあるが長袖をまくり上げる方が細見え効果が大きい
2回折り
二回まくり+くしゅくしゅ。これくらい袖口と袖にボリューム出すと、見えてる素肌部分が相対的に細く見える
★くしゅくしゅっとヒジ近くまでたくし上げ落ちて来ない所で止めよう

How to 裾ロールアップ!!
ということは足の裾も…？
そう袖と同様!!
一回普通に折り返して、そこから2～3回裾ぐるり前後左右を不均等にくしゃくしゃっとめくり上げていくと…完成！
几帳面に折りたたむよりあえてラフにめくる方がボリュームが出て足首がより細く見える！
ラフなロールアップ☆
1回だけ長く大きくロールアップするっていうのもボリュームが出るよ
大きく
長く!!
裾のロールアップの仕方にはトレンドがあるから慣れてきたら意識してみよう
着やせ狙いならとにかくボリュームを出せばよし！
ついでにシャツの腰巻きについてだがシャツの前ボタンを・閉じて巻くか・開いて巻くか光ちゃんは使い分けてる？
？
巻く高さもコーディネートに合わせてちゃんと変えてる？
ズイッ
つ常にへそ位置でギュンギュンに絞めあげてる…！
★腰巻きはシャツの前ボタンを開けて巻くとボリュームが出て閉めてから巻くとスッキリ見えるお尻や腰回りの肉を隠す効果もあるが一番の役割はコーデ全体のシルエット調整にあるだから着る服によって巻き方も使い分けよう！
次ページで解説するぞ。

シャツの開け巻き 閉じ巻き 比較!!!
閉じ巻き
開け巻き
・キチンと感が出る
・スカートに似合う
・やせ形体型や、上半身がタイトなファッションだとバランスがよく見える
・ボリュームが出る
・カジュアル味が強くなる
・パンツルックに似合う
・太め体型や、上半身がゆったりめのファッションだとバランスがよく見える
高めの位置で巻けばヒップアップ効果と足長効果バツグンだし
少しななめにズラして巻くとよりカジュアルに、表情に変化が出せる
超イイテクじゃないですか!!
こりゃどんなダイエットよりもお手軽に即やせ効果ありますな!
もー
ズボラ

# 膝丈スカートで自然な若さを

## 大人の定番アイテム#3 プリーツスカート

確かにずいぶん虫のいい話ですねー!!
ちょっと久保田さん!?
服にかける予算は人それぞれなんだからしょーがないっしょ!!
それに「おしゃれは金じゃねェ」っていつも言ってるじゃないですか!!
で ヨーコさんは結局何が欲しいんですか?
無視!!?
ガーン
えっ?
ファッションとは『人からどう見られたいか』という欲望の現れなんですよ
あなたはクラス会に来る男と女どっちにモテたいの?

そんな!!
モテたいとか全然考えてなくて ただ人前に出ても 恥ずかしくない服装が できれば
じゃ今日の スタイリングで イイじゃない
恥ずかしいこと ないよ ねェ 光ちゃん
そうですね 普通にお出かけ できる感じです
ウン。
だからァ…っ!!
それじゃダメなんです!! みんなもっとお金かけて ちゃんとしたおしゃれして 来るんだから!!
こんなんじゃ私だけ普通の地味な おばさんになっちゃったみたいで イヤなんです!!

………!!
なるほど　わかりました
！
ヨーコさんが今回ファッションで表現したいのは
『年齢よりも若く見える私』『それなりに服にお金と気を回す余裕がある暮らしをしてる私』です
!!!!
「ファッションでどんな自分を表現したいのか？」まずはその欲をしっかり自覚することから　おしゃれはスタートするんです
『恥ずかしくない格好』なんてキレイな言葉で自分をごまかしてちゃどこまでいっても自分のファッションに満足できませんよ

…はい!!
ハイハイハイ 私も!! 私も 欲望いっぱい ありまーす!!
じゃ ヨーコさんにはまず『オバさんぽくならない定番スカート』をゲットしてもらいましょうか!!
ぐっ
コクリ
……
クラス会なのに定番物でいいの?
ちぇ
久保田さんいじわるだ.
余裕がある女性はそういう場で張りきりすぎないもの
今回だけでなくずっと使える定番アイテムを上手に取り入れることで
「センスの良さ」と「着回し上手」を見せつけよう!!
それなら低予算にもありがたい!!
ヨッ

そもそも彼女の顔は同世代より若く見えるくらいだ
問題は「定番と勘違いして 単に『大多数のおばはんが好む服』を着てしまい良い素材をだいなしにしていること」だ!!
久保田さんでも人をホメるんだね
えっ なんだって??
イエ、何でもないです。
今の40代は一昔前の30代並に若いんだから 無理なく若づくりじゃない自然な若さを魅せていこう!!
大人女子の定番アイテム
#3 スカート
ヒザ上〜ヒザ丈 プリーツ フレア スカート
結論から言うと
①ボリュームがあり裾が広いスカートは脚が細く見える
②自然に広がったシルエットはコーディネートしやすい
ほほー
①は袖まくりの回に言ってた錯覚と同じことですね!!…でもヒザ上〜ヒザ丈って指定は…?

それも錯覚を利用して
足を細く!! 長く!! 見せるため!!
「太もも」と「ふくらはぎ」は太いから隠すべき
じろじろ見てんじゃ…
ないわよッ
スク水なんて
何年ぶりかしら…
足の中で細くなっているのはヒザと足首 ここを活用しない手はない!!
太い部分を隠し細い部分を見せる(左図)と
人は隠れた部分まで細いように錯覚するのだ!!
なるほどですね～
だからヒザ上～ヒザ丈がオススメなのか
子供産んでからはお尻と足の太さが気になってゆるめのロングスカートばかりはいてました－

ロングスカートでもいいっちゃいいんだが
足首見せられるからね。
流行りすたりがあるアイテムだし
季節感とコーディネートバランスとるのがむずかしそう
そういうこと!!
…ってことで
ハイ!!!
ZARAのセールで3000円
!!?
ヨーコさん変ー身!!
ヒザ丈プリーツスカート
きゃわええ!! ステキなハイセンス女子だー!!
ハリのある素材をえらべばよりボリューム感が出るからスタイルアップ効果が倍増するね
色は好みで選べばいいけど一着目の場合黒かグレーにするのをオススメします!!

すごー スカート変えて
元々着てたカーディガンを
肩からたらしただけで
こんな変わるとは
アクセントに大きめの
ネックレスをオン!!
イイわ〜
これで自信持って
クラス会に行けます!!!
ヨッシャ
行って
こーい!!
数日後
あ
久保田サン

ヨーコさんから
メールです
久保田さん、光ちゃん
その節はありがとうございました。
おかげさまでクラス会でも大変好評で、
何より自信を持ってその場に臨むことができたのがすごく嬉しかったです。
今までのどこか卑屈な自分がすごくイヤで、
ファッションだけでも
オシャレな友達の真似をしてみようと思ってお2人に依頼しましたが、
今は大げさではなく生まれ変わったような気持ちです。
最近はヘアやメイクにも
自然に気を使えるようになって来たし、
おしゃれってこんなに楽しいものなんですね？
この喜びを教えていただき、本当にありがとうございました！
よかったね！

# ダサくならないパーカーの着方★

①子供っぽくならない
パーカーの着方
パーカーは
カジュアル代表格
これをうまく着るには
反対《カウンター》の要素を
合わせる
・カジュアル
・リラックス
・よそいき…(i)
・キッチリ…(ii)
・高級感…(iii)
(i) よそいき
パンツよりも
スカートやワンピース
Tシャツよりも
ブラウス
キャップよりも
ハット
(ii) キッチリ
Gジャンよりも
テーラードジャケット
コットンしわしわスカートよりも
プリーツスカート
ダッフルコートよりも
トレンチコート
(iii) 高級感
本革
サテン などのツルツルした素材。
ラメ など
キラキラ ピカピカしたもの。
なるほどですね
パーカーの部屋着感を中和すればいいのかー
「子供っぽさ」のカウンターとなる「大人っぽさ」「セクシーさ」も効果的だよ
大人っぽさ
マキシ丈ワンピース
センタープレス入りボトムス
パンプス
セクシーさ
ミニスカート
ハイヒール
襟ぐりの大きく開いたTシャツ/キャミソール

②デブに見えないパーカーの着方
パーカーの腹まわり着ぶくれに有効なのが
ダブルジップ型のパーカー!!
こいつの良い所は
下側のファスナーを少し開けることで おなかの出っパリを平たくすることができるトコ
神アイテム!!
③おばちゃんぽくないパーカーの着方
短め丈でタイトな形のパーカーを選ぼう!!
・コンパクトに見えることでヤボったさが無くなる。
・若々しく見える。
・ヒモがよりカジュアルに見える場合があるから、外しても良い!
大きい!!!
長い!!
×ババくさい!!
薄手
○若々しい
短め

あとは色の選択
グレー杢《もく》をさける
ほう
グレー杢・・・薄グレーと濃グレーが霜降りっぽくまじってるやつ
グレーなら普通のベタグレー あとネイビーもいい もちろん余計なロゴや飾りパーツ 柄などのない無地のもの!!
えー でもちょっと変わったパーカーもカワイイような
AMERICA
それはパーカーを〝単品〟で見てるね
パーカーはコーデのカジュアル部門担当
カジュアル役に徹するからこそ それ以外のアイテムを引き立たせてくれる だから余計な色気は不要なんだよ
なるほどですね
おしゃれ初心者は手を出しがち だから気をつけようね

## ①ロングワンピ＋パーカー腰巻き

ワンピースを
パーカーでウエストマークすることで、
気になるヒップを隠しつつ
足長効果も得られるぞ。
いざってときには軽く肩掛けすれば、
冷房対策や二の腕カバー効果も。

## ②パーカー＋ボリュームスカート

ふんわり大人ガーリーなスカートと
合わせれば、
いつものパーカーコーデが
一気にフェミニンに。
「黒タイツ＆黒のペタンコ靴」の
組み合わせなら、ヒールじゃなくても
足長効果が出せるよ！

### ③トレンチコート+パーカー

メンズっぽい硬さのある
トレンチコートも、
中に一枚パーカーを挟むだけで
「女子感」と「抜け感」を
同時にプラス。
9分丈パンツで足首を見せれば、
野暮ったさが無くなり
一層軽快な印象に。

### ④パーカー＋チェックパンツ

おきまりのジーンズや
チノパンと合わせるから
オバサンの普段着みたいになっちゃう。
上品さの出せるチェックパンツと合わせれば、
キメ過ぎず抜き過ぎない
ノーブルな大人女子のできあがり。

CHAPTER 4

# ちょっとのおしゃれで堂々と

## 大人の定番アイテム#4 トレンチコート

スタイリストじゃなくて
メンタル鍛えるセミナー
にでも相談した方が
イイんじゃないの?
なんつー心ないこと
言うんですかっ!!
サトミさん　ネット通販
とかどうですか??
あれなら店員もいないし
直接見ないで
買うのには
抵抗あるし
たまに
カワイイと思って
買っても
実際に届いて
着てみたら
何か似合わなく
って…
ンだよねェ　わかるよその
ワガママボディと
ワガママメンタル
うううっ
光さんっ
ハイハイハイ
サトミさん
ったく
今から服屋
行くよ
で　試着してきて
くれる?
ひとりで
えっ!!
ムリです
ムリです!!
ほー
ナルホド
ですね
大丈夫!!
私たちが見守って
ますから

いらっしゃいませ
きょろ
きょろ
コッ…
えっ
やだ
来る来る
来るっ!!
コッコッコッコッ
コッコッコッコッ

何かお探しですか？
あっ
いや
あああっ！
あの…っ
……
えっと…‼
服…を探してて……
↑当然
あ
冬物がよくて…
↑ざっくりすぎ
えっと…
えっと…
↑そもそも理想の服のビジョンがない
あ でも
私に合う服なんて…っ
↑いらぬ自虐
……
あ、ダメだ。

ズーーン…
……
すみません
試着にすらたどりつけなかったか……
こりゃ重症ですね
じゃ次 光ちゃん しっかりおしゃれして行ってきて
いけーーっ
へいっ
着がえた!!
ビシィーーッ

コツ
何かお探しでしょうか?
あ
はい!!
わぁ…ナゼあんなフツーでいられるの…
よく見ておきなさい
「コートかわいいですね!! スキニーデニムにもよく合ってるし!!」
「え…ありがとうございます!!」
「そのコートにならこんなスカートも合うと思うんだけどどうです?」
「あ いいかも 持ってない色だし新鮮」
「よかったらはいてみます?」
…ってところか?
サスガ…
すんなり試着にたどりついたな
FITTING
スゴイ……
ガチャッ

FITTING!
で
何も買わずに出て来たんですか…??
ありがとうございましたーっ
うん
オツカレー
すごい…余裕ですね
どーだった?
んー コートに合わせたスカート勧められてはいたら
今度はスカートに合わせるブラウスとバッグも持ってきてくれましたよ
…ははっ

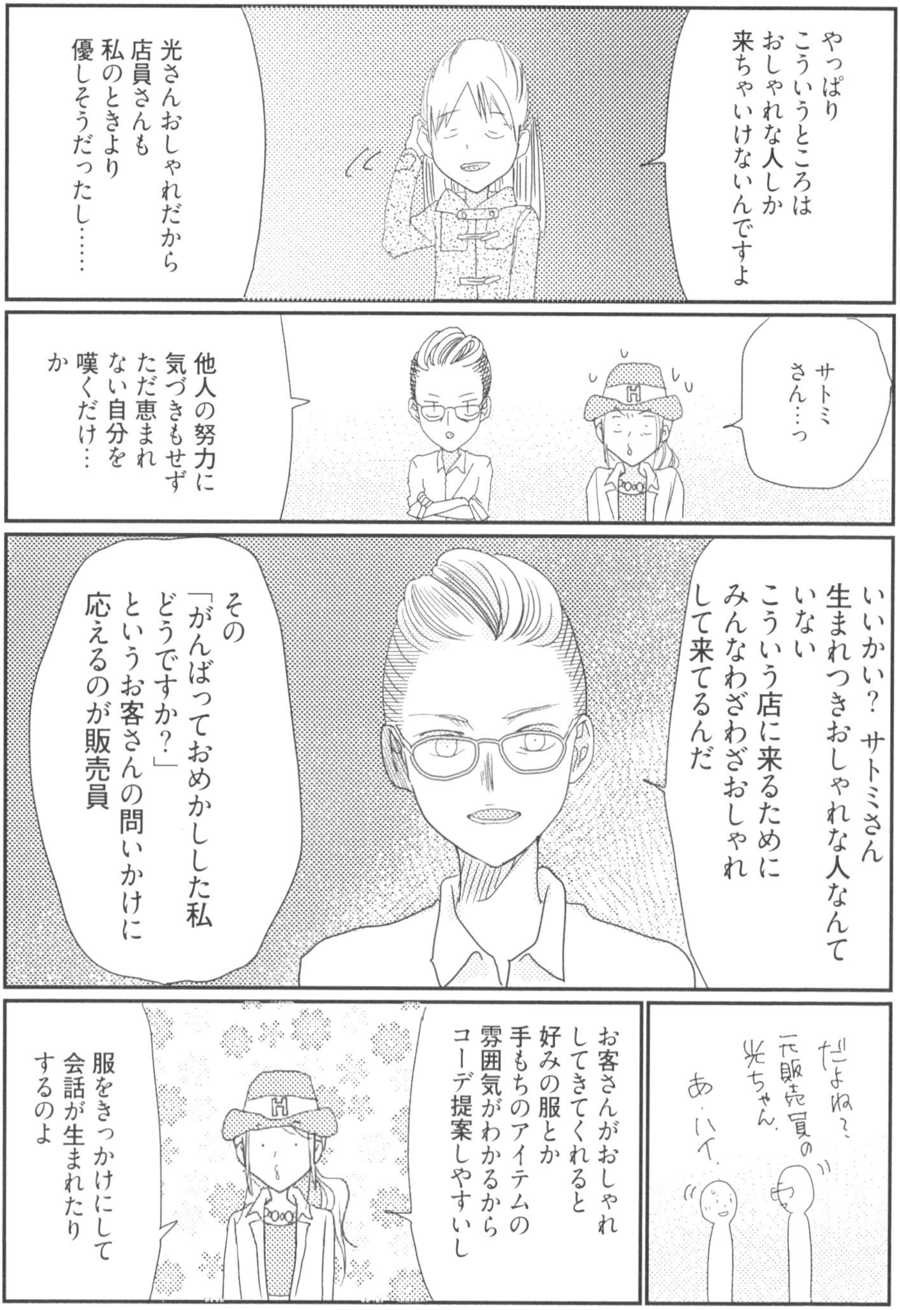
やっぱりこういうところはおしゃれな人しか来ちゃいけないんですよ
光さんおしゃれだから店員さんも私のときより優しそうだったし……
サトミさん…っ
他人の努力に気づきもせずただ恵まれない自分を嘆くだけ…か
いいかい？ サトミさん生まれつきおしゃれな人なんていないこういう店に来るためにみんなわざわざおしゃれして来てるんだ
その「がんばっておめかしした私どうですか？」というお客さんの問いかけに応えるのが販売員
だよね？元販売員の光ちゃん.
あ.ハイ.
お客さんがおしゃれしてきてくれると好みの服とか手もちのアイテムの雰囲気がわかるからコーデ提案しやすいし
服をきっかけにして会話が生まれたりするのよ

なるほど……
自分の格好に引け目を感じてるから おしゃれな店員さんが近づいて来ると逃げたくなるんだよ
がんばっておしゃれして行けば
少しずつ自分に自信が持てるようになってくるよ
自信…!!
私 変わりたいです…!!!
一体どうすればいいですか…?!
ニヤリ
いいね
では
まずはその
ダサイコートを変えよう
ダサい
コート
コートは秋冬のヘビロテアイテムだ ここを変えれば全身の印象が劇的に変わるゾ

# 大人女子の定番アイテム #4
# トレンチコート

★トレンチは定番として
ずっと使えるアイテム。
そのためにも
シンプルで余計な
デザインのないものを
選ぼう!!

## 選び方のポイント

### 1. サイズは肩で選ぶ!

→ぴったり肩がおさまるもの
だと着ぶくれしないで
アカ抜けた印象に!!
(テーラードジャケットやシャツ
なども同じように選ぼう)

### 2. ヒザ上~ヒザ丈を選ぼう!!

→体がキレイに見えるぞ!!
ただし、丈を合わせたいがために
大きめや小さめの
サイズを買うのはNG

→ヒザより下の長さになってくると
ペタンコ靴やスニーカーで
合わせたときに脚が短く
見えがち!

→逆に太ももより短い丈だと
若づくりに見えたり
トレンドに左右されがち!!

| 名 | リボンむすび<br>閉じて前で・開けて後で | 片リボン<br>前・後 | ゆるむすび<br>前 | バックフロント<br>後 | 固むすび<br>前・後 | ポケットイン | なし |
|---|---|---|---|---|---|---|---|
| 図 | 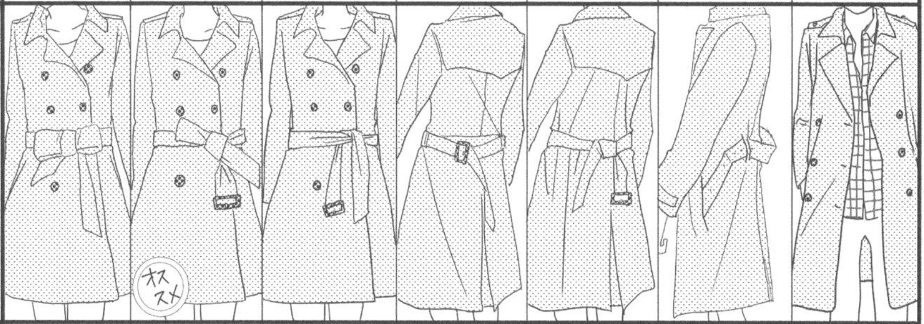 | | | | | | |
| 備考 | カワイさが出るので 若い子限定! | 人を選ばない。 | 前ボタンを閉じずに前でラフに結んでも着くずした感がオシャレ。 | 普通 | 普通 | カジュアル | カジュアル |
| | | | | ←コーデのテイストや、自分のキャラにあわせて、好きなものを選ぼう!!→ | | | |

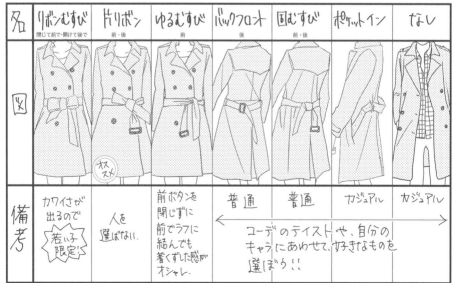

トレンチコートを使ったコーデは67ページにまとめておくから見てね！
ステキ!! これなら私も気後れせずにお店に入れる気がします!!
よーし じゃ サトミさん 一緒にトレンチ見に行こっか!!
……
はいっ!!
ぽつーん…
2カ月後——
サトミさん どうしてますかねー
ほら トレンチコートの
気になってんの?
珍しい
うーん あの人 ほっとけないんですよねー ちょっと前の私みたいで

私の場合は 今は久保田さんがいるからその お手本ていうか 師匠…は言いすぎ?
ブツッ
ブツッ
何をぶつぶつ言っとるんだキミは
?
だからぁっ!!!
心配なんですよ
あのときはおしゃれの楽しさに目覚めてたけど
ひとりになったら
元のおしゃれに臆病な女性に戻っちゃうんじゃないかって
フッ
その心配はないみたいだよ 光師匠
?
師匠?
プ♡
寿から代官山
りで服を見に。」

徹底解剖♡
街で見かけた
オシャレさんスナップ♡
Style1
Q.1
どこに
行くところ？
「恵比寿から代官山
あたりで服を見に。」
Q.2
今日の
オシャレポイントは？
「オシャレの師匠と
一緒に選んだ
トレンチコート。」
Q.3
なりたい
女性像は？
「悩んでる人を
明るく照らす
光のような女性に
なりたい。」
Q.4
最後に
ひとこと！
「オシャレの入り口に
立ったばかりの私ですが
おかげで
毎日が明るく楽しくなりました！
本当にありがとうございました！！」

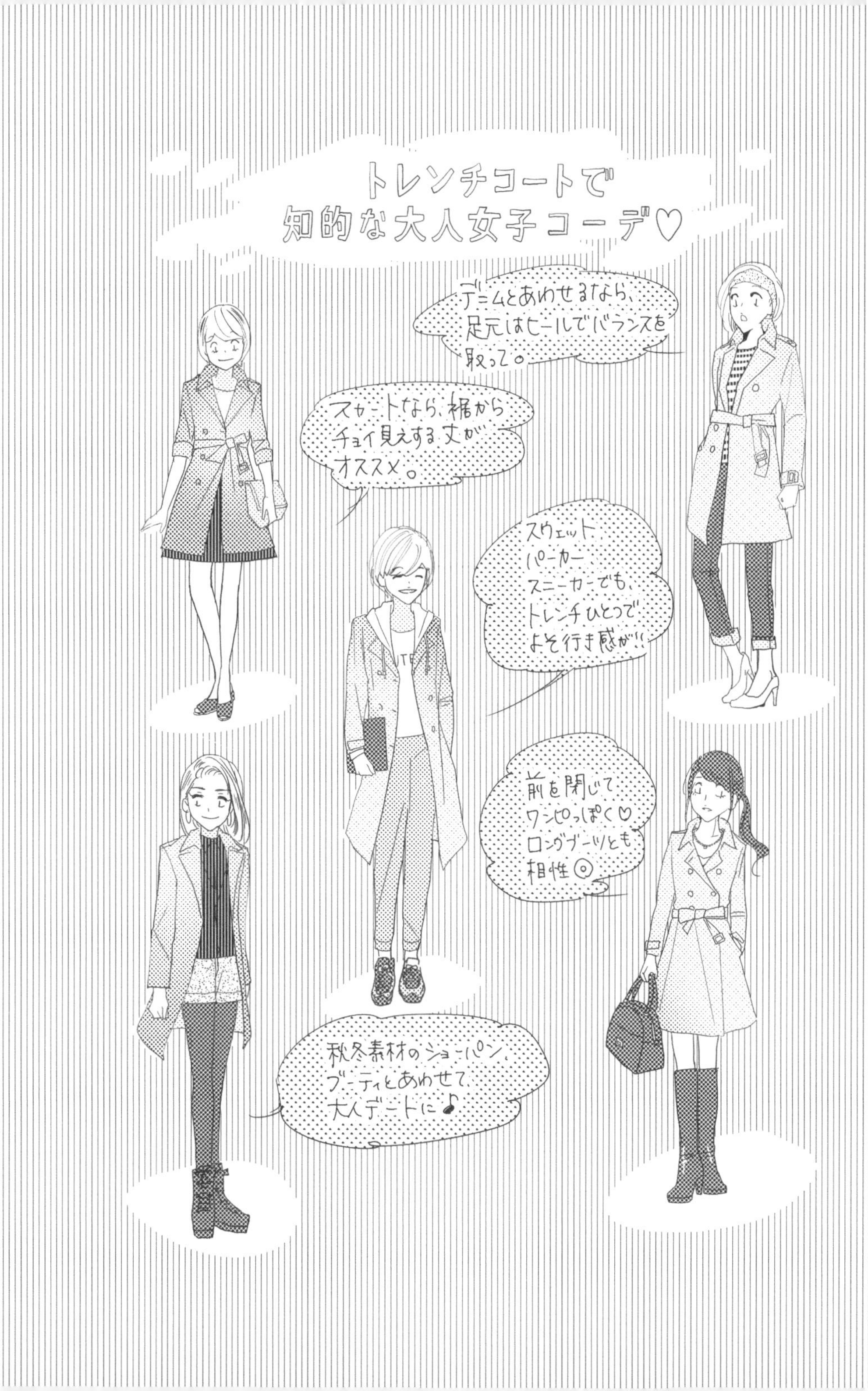
トレンチコートで知的な大人女子コーデ♡
デニムとあわせるなら、足元はヒールでバランスを取って。
スカートなら、裾からチョイ見えする丈がオススメ。
スウェット、パーカー、スニーカーでも、トレンチひとつでよそ行き感が!!
前を閉じてワンピっぽく♡ロングブーツとも相性◎
秋冬素材のショーパン、ブーティとあわせて、大人デートに♪

# 予算は散らさず一点集中で★

ウーーン
ダメじゃないけど全身…
ちょっと待って!!!
勝負
ですから!!
一旦!!
一旦!!
久保田さんコーデを!!!
ほう…!!
そうか ならば行くぞ
容赦せんぞ小娘
ノッてくれた
久保田セレクト
どうじゃーッ
シッ
薄手ジャケット ¥5,000-
ロゴTシャツ ¥1,000-
スキニーパンツ ¥3,000-
上質なパンプス ¥40,000-
計 ¥49,000-
ほ ほほ～ん？ 一点豪華主義的な？
しょ 詳細を…聞きたい所存です？
動揺が隠し切れてないな
光ちゃんのコーデは悪くないんだけど全身全て12000～13000円のアイテムで揃えると『**MAX13000円止まりの女**』に見えてしまうからもったいないんだよ
ほほう!!

靴でも服でもどこか1カ所に予算を集中することでずっと格上の女に見えるんですね？
例えばパンプスだと。
¥40,000~級
それなりの値段の靴だとやっぱり履いたときにイイ女オーラが出せる 不思議！
¥10,000級
比較すると足の甲、かかと、土ふまずの曲線が弱い
曲線＝色気なり！
あと内側に使ってる革質が明らかに安っぽい
さすがお高いパンプスパワー!! …ですけど庶民にゃなかなか買えねえですよ
無理して高級品を買えということではないよ！
たとえばもっと予算があるとして全身をオール5万円アイテムで揃えちゃうとどうか？これはこれでイマイチの見た目になる
いくらであっても予算枠の中でメリハリを利かせるのが大事『**一点豪華主義**』や『**抜け感**』てやつ！

そういえば『1000円のロゴTシャツ』使ってるけど
ここは『1000円の小花柄ブラウス』じゃダメなんです？
いいところに気づいたね
メリハリを利かせるというのは どこかに 抜け感（安い物）を入れる ということ…もっと言えば『安くても見栄えが悪くならないアイテム』を入れるということなのだ
たとえばロゴTシャツなら 2万円のものも千円のものも パッと見大きな差はない だからここは安くてもOK
久
1,000円
20,000円
量販店
ブランド物
ところが2万円のブラウスと 千円のブラウスだと 素人目にもその差は歴然！
高いとやっぱりキレイ。
安いと頼りない…。
特に綿100％シャツだと シワや襟の感じに大きな違いが！

プリーツスカートも同じだね
確かにそれも値段相応に見えるアイテムかもしれませんね……
だから久保田コーデでは安物でも見栄えに差の出にくいスキニーパンツにしたんだ
なるほどですね
真にオシャレな人は必ずしもお金持ちってわけじゃないお金をかけるべき服とそうでない服の見極めが上手なんだ
なるほどそれなら私にもできそう!!
うんうん
じゃあこの勝負俺の勝ち?
もう1回!!

CHAPTER 5

# 私服勤務は「服装自由」ではない

## 大人の定番アイテム#5 グレーパンツ

ん?
このまんま
なるほど
こないだもー 打ち合わせで夢中になってずっと前かがみになってたら『マリエちゃん男性陣が谷間ばかり気にして仕事にならないから』とかって別によくないですかー?
イヤー よくねェよ
えーっ 何で何で? 何でダメなの? 仕事ちゃんとやってれば何だってイイじゃん
ダサいBBAどもがヒガんでケチつけてきて超悲しい〜 いっそあいつらの格好どうにかしてほしいもん
ちなみにそのBBAっていくつくらいの人たちなの?
え? 28とか?

それでBBAだったら久保田さんミイラですね
ふふっ
あはははっ超ウケる!!
ウケねぇから
アショック
さて
ウケも取ったし久保田さんちょっとスネちゃったし
帰ってもらいますか
ミイラ…
がしっ
は?!!
まだ私の悩み解決してなくない?
ゴゴゴ
人の言うことは気にせず着たい服を着るそれでいいんでしょ?
光ちゃんホントウケるそれじゃ私が会社で居心地よくないんだって言ってるっしょ
マリエちゃんは何のために服を着るの?
まぁまぁ、おちついて
寒いから私超冷え性で
ムダに露出してっからだよ
じゃあ暖かければどんな服でもいいの? 違うよね?
あんだとコラァ!!
あーもぅ。
えー?
ぜぇっぜぇ
かわいく見えるとテンション上がるから?
なるほどね

でもキミのコーディネート
大してかわいくないよ
!!?
ケケケ!!
さっき「仕事ちゃんとやってれば何着たっていい」って言ってたけど
24歳でそのコーデじゃ仕事のレベルも大して高くないんじゃない?
…は?
ナニソレ。
たとえばスタイリストがダッサいジャージ上下で現れたら仕事任せられる?
↑※久保田
イヤ それは無理でしょ!!
どうして?
だってファッションセンス勝負の仕事なんだから
見るからにセンスなさげな人は論外でしょ

その通り
つまり
「自分が他人から
どう見えているか？」
に気を使うのも
仕事のうち なんだ
!!!!!!!
企画会社の人間が
自分だけがカワイイと
思ってる露出度高めの
学生みたいな服を着て
商談に現れたら
どう思う？
ヒョ〜〜〜 久保田さん、言うねぇ
……
「この子イタイな」
って思う
会社の先輩たちは
皆気づいてるからこそ
教えてくれるん
だろうね
……私がイタイ子
ってこと？
少なくとも
信用して仕事
任せようと
思えないかな♡
エラソーに言うなーっ!!!
ホントのことでしょ!!!
あ
ファッションで個性を
出すのは素晴らしいこと

でも仕事仲間やお客さんから
どう見られているかをケア
できないのは ひとりよがりな
マスターベーションファッション
それが許されるのは
学生まで
と
いうわけで
ハイ!!
変・身!!
マリエ
デキ女
モード!!!
スゴ♡ ボトムス変えた
だけなのに超変わった!!
ぎゅっ
ありがと!!
ちょっと待て

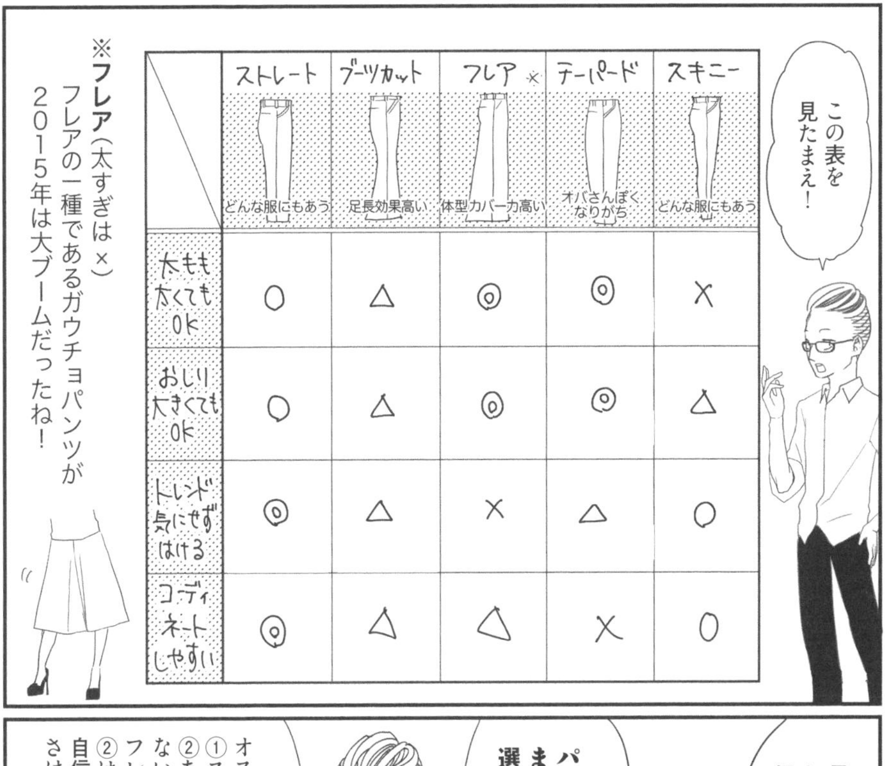


| | ストレート | ブーツカット | フレア※ | テーパード | スキニー |
|---|---|---|---|---|---|
| | どんな服にもあう | 足長効果高い | 体型カバー力高い | オバさんぽくなりがち | どんな服にもあう |
| 太もも太くてもOK | ○ | △ | ◎ | ◎ | × |
| おしり大きくてもOK | ○ | △ | ◎ | ◎ | △ |
| トレンド気にせずはける | ◎ | △ | × | △ | ○ |
| コーディネートしやすい | ◎ | △ | △ | × | ○ |

よし!!
あたしは足太・大尻
だから フレアパンツ
を買お～♪
くらァ!!!
自分を客観視しろと
言ったろうが!!
貴様は足も
尻も標準じゃ!!!
ダイエットの薬を倍量飲んでも
効果は倍にはならん!!
細く見せたいからって
デブのフリして
デブ向けの商品に
手を出したって効果は
ナイ!!!
服のことになるとアツいね。
ウン。
そうなんス。
JISの定める
Mサイズ
冷静に自己判断しよう!!
バスト：79～87cm
ヒップ：87～95cm
ウエスト：64～70cm
エッ!!
私Sだったわ!!
ずっとMだと思ってて
ろくに試着しないで
買ってたよォー!!!
私はいつも9号だから
9号でイイやー
実はブランドや商品に
よってもサイズは
まちまちなんだ!!
普段9号でも
11号や7号がジャストな
ときもある!!
エー 11号なんて
着たくないよ…
大きいサイズやだー
着てる服が何サイズか
なんて自分で言わん
限りバレないじゃん
教訓
パツンパツンで
9号よりも
11号で、スタイルよく!

大人女子の定番アイテム #5 パンツ選び方!!
1.客観的に自分の体型を把握。
2.先入観を捨てて試着。
3.ウエストがピッタリになるまでサイズを交換し続ける！
4.太もも・おしりを鏡で確認。キレイにおさまっているものを選ぶ。
5.素材・色・ディテールを選ぶ。
ジャケットは肩で パンツはウエストで 合わせよう!!
・必ずジャストサイズ～ 気持ちキツめを選ぶこと!!
・後々自分の体を 甘やかさない効果もある!!
なるほどですね
リョーカイ
もうバッチリ サンキュー。
や
ちょっと待って
4と5の詳細が あるからまだ 帰んないで
もうダルい
もういいよ 定番パンツはいて 出かけたいわ
よし いいだろう 出かけてみろ
定番パンツをゲットし 意気揚々と出勤した マリエ
ナレーション 久保田さんやるんだ
想像中
そこで「あっ!!」 気になる先輩と 遭遇!!
朝から ラッキー♡
おはよう マリエちゃん!! ステキなパンツ だね!!
!
先輩
でも……

ちょっとキツいんじゃないかな…？
×パンティライン
!!?
×尻下のシワ
って言われたらどうすんの？
ヤダー!!!
そんなズバッと言う人いないと思いますけど？
確認
そっか 太ももとお尻のライン大事だよね
おっと!!
お尻・太ももは見下ろすんじゃなく姿見鏡に映して確認すること!!
★遠近法で、太ももはより太く、長さはより短く見えてしまう！他人がこの角度で見ることはないのだから、常に姿見で他人からの見え方を確認しよう！
久保田さんケツ一覧こちらにまとめました！
×ぱつぱつ
パンティライン、尻下のシワ…！
○ ギリギリ
ストレッチのよく効いたパンツならOK。
◎ ジャスト
キツいシワもなく、生地余りもない！
×だぶだぶ
尻横にたるみがある。
おおごくろう!!
ナイス!!
ケツ一覧…

私ケツ肉ヤバいんだよねェ…
グラマー体型でウエストで合わせるとヒップがキツキツって女性もいるが
そういう人はウエストでサイズを合わせず
ヒップハング
通常
ヒップにパンツを引っかけるようにはく『ヒップハング』気味にはいてみよう
股上浅めのパンツをヒップのサイズに合わせて選ぼう!!
ウン なんか これからは一人でジャストなボトムス選べそうだヨ
成長したなあ
ほろり。
ちなみに今マリエちゃんがはいてる綿素材はカジュアルに見えがちなんだけど
ほう
センタープレスが入ってるからキチンと感出てるんよ
センタープレス??
真ん中に折り目があるヤツだよ スーツとかって全部折り目あるでしょ?
うんうん
これがあるだけで急にキチンと感が出る
手持ちのチノパンやデニムにアイロンをかけるだけでも効果アリ。
だらしないTシャツ・ジーパンコーデがちょっと気の利いた感じに!!!
あー!! いる!! 会社のババ…先輩がはいてるの結構見る!!
そういうコトかー!!!

よしよし じゃ もう俺が 教えることは ないかな
待って 待って!!
久保田サン まだ聞きたい!!
こらこら マリエ ちゃん
久保田さん ミイラなんだから 休ませてあげてよ
おい
そっか…!!!
ポンッ
キミたちが疲れたと 思ってお開きにしようと したんだが そこまで言うなら最後に 素材と丈の話を してやろうか…!!!!
ゴゴゴゴ
あー ミイラが起きた。
誰が ミイラじゃ!!!
ウワー!!!
まずは素材!! 好みで 選んでいいけど ウールだと春夏に 暑苦しいから 1本目に買うには 避けた方がイイ!! ポリエステルが多く 入ったものが比較的 いつでもはけて オンオフ問わず 合わせやすい!!
なるほどー♡

生地の厚さについては薄手タイトめストレッチ素材は体型が丸わかりだから体型に自信がない人はさけよう!!
薄すぎず、ハリのある素材で体型カバーしてる私。
へー
そして丈だが!!!
1着目はフルレングス（10部丈）をオススメする!!
定番の黒パンプス（142ページ）に合わせて丈詰めをする!!
ハイ!!
シルエットごとにヒールに合わせた丈の詰め方まとめたから!
フレア・ブーツカット
床から1cmあいてるくらい
ストレート
ヒールが半分かくれるくらい
ほほー
先生 コレ テスト 出ますかー
出ます!!
ヒールじゃなくてたまにはスニーカーとかフラットシューズはきたいんスけどー
ハイそれ応用問題ね!!
ストレートパンツなら裾ロールアップではけばいいそれがイヤなら買うときにフラットシューズはいて床ギリギリで丈詰めしとく
久保八先生
足長効果うすれるからオススメしないけど。

フレアやブーツカットは丈を詰めるとシルエットがくずれてカッコ悪くなるからそもそもフラットシューズあわせない方がいいよ。
へー
めんどくさくて いつも裸足で丈を合わせてもらってた
慣れないうちはヤメといた方がいいよ〜 あと必ず両足とも丈合わせしてもらうようにね
足の大きさと長さは左右で結構ちがうから
長い
短い
ミイラからは以上です
ゼェッ
ゼエッ
ゼェッ
自分で言っちゃったよ
久保田サン!!!
あ ちなみに35歳以上のBBAはベージュにはうかつに手ェ出さないようにね
メイン読者層をババア呼ばわりって!! 苦情きちゃうよ?!!
大丈夫!?!!

イヤイヤイヤ マジな話 ベージュは35歳以上が着るとオバサンくさくなりやすいんよ
しょーがないんよ。
若者かオシャレ中級者向けの色なんです!!
35サイこえたら気をつけまーす。
ということで色はグレーをオススメしますこれなら年中はけてどんなBBAでもステキに着こなせる!!
覚えたてのBBAって言葉使いたいんだね
グレー
確かに年中はけるしどの色とも相性いいし
流行ることはあってもすたれることはない色だね
なるほどです…
――って!?
久保田さーーん!!
わーー
力説しすぎて魂抜けかけてます!!!

マ…リエ…春だし
裾はロールアップして
軽く見せるのを忘れるな……!!
ミ ミイラ
いや久保田さん!!
まだファッション
指南を…!?
ロールアップの詳細は
34ページに…!!
もういい
から!!
久保田サーン!!
ロールアップ
足細効果が
あるヨ!!
サーン
サーン
サーン
「光パイセン
神スタイリストさま

この前は本当にマジどうも
ありがとうございました。
あのパンツはいてったら、会社の
先輩がみんな急にヤサシくなって
マジウケたんですけど(^・^*)
そのせいかわかんないんですが
！
今度初めて私ひとりで大きな仕事を
任せてもらえることになりました。
絶対成功させてインセンティブもらって、
絶対成功させて
インセンティブもらって
秋冬服買います。
今度は、ちゃんと
オナニーじゃない服
買うね(・▽・)」
同封された写真より
…だって ふふ 久保田さん
にも読ませたかったな……
――って
ポンッ

勝手に死んだような
演出しないでくれる?
はっ!! ミイラが蘇《よみがえ》った!!
ミイラじゃねーぞー!!!
ワー!!!
いろいろあるよ♡
グレーパンツ
フレアなど
ワイドなシルエットには
コンパクトなトップスで
カウンターをあわせて。
だぼっとした
トップスを着たいなら
スキニーパンツが
ナイスカウンター!

柄パンツでもグレーなら
何にでも合うから
無地感覚で使えるよ！
定番＃1白シャツと合わせれば
鉄板のコギレイ大人女子モードに。
真面目になりすぎないよう
足元はスニーカーで外すとおしゃれっぽい。
定番＃2テーラードジャケットとも
バッチリ好相性！
オンオフどちらでも使える
大人の定番コーデは
重くなりすぎないよう裾をロールアップして。
定番＃6ジージャンなら
お行儀のよいグレーパンツを
程よくカジュアルダウンしてくれるはず。
ハットや大きめピアスなど
存在感ある小物たちと合わせたい。
定番＃4トレンチコートとのコーデは
シックな大人女子にぴったり。
地味になりすぎないよう
パンプスをシルバーやグリーンなど
目立つ色にしてアクセントを効かせよう。

トレンドアイテムは明日の定番アイテム!

# 「いつも同じような服」からの脱却★

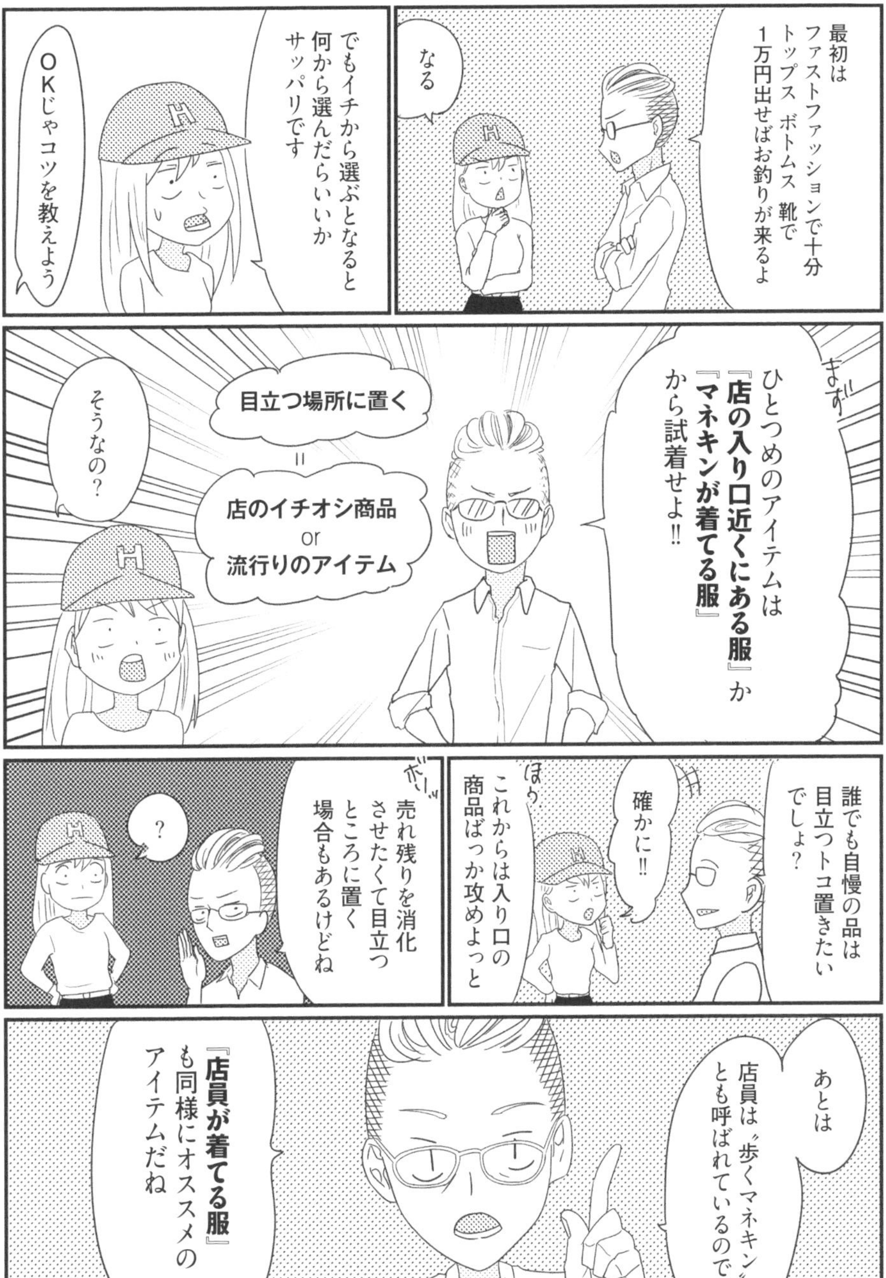
最初は
ファストファッションで十分
トップス ボトムス 靴で
1万円出せばお釣りが来るよ
なる
でもイチから選ぶとなると
何から選んだらいいか
サッパリです
OKじゃコツを教えよう
まず
ひとつめのアイテムは
『店の入り口近くにある服』か
『マネキンが着てる服』
から試着せよ!!
目立つ場所に置く
=
店のイチオシ商品
or
流行りのアイテム
そうなの？
誰でも自慢の品は
目立つトコ置きたい
でしょ？
確かに!!
これからは入り口の
商品ばっか攻めよっと
売れ残りを消化
させたくて目立つ
ところに置く
場合もあるけどね
？
あとは
店員は〝歩くマネキン〟
とも呼ばれているので
『店員が着てる服』
も同様にオススメの
アイテムだね

よし、ソレも買いじゃ!!
1点注意
?
必ず試着すること
おしゃれ初心者は自分に似合う服をわかってるつもりでわかってないだから着てもいない服を「こういうのは似合わない」とコーデの幅を狭めてしまいがちだ
イチオシ・トレンド商品食わずぎらいせず何でも着てみような
トレンドか……
?
私トレンド服より長く着れる定番服のが欲しいっすわ
ハイ出た
トレンドを試してみもしないで「定番」を言い訳にしてただ地味な服を買っちゃう病！
定番服ってのはトレンドも含めた様々な服にトライして初めて見つかるものだよ
いろんな種類の服を知らずに自分に合う定番服がわかるわけない
「長く着れる」つもりで買ったのにたいして出番のないまま
大事にしまわれてる定番服あるんじゃない？
ギクッ

たとえば
2016年の
春トレンドなら
『スカーチョなどのワイドパンツ』
トレンドの太めパンツは
このまま定番化しそうな勢い
『ロング丈の羽織り物』
反動で次はショート丈が流行るかも？
『スポサン（スポーツサンダル）、
レースアップ靴』
スポーツテイストは
もはやほぼ定番に
『スカジャン』
無地のジャンパーに変化して
残っていく可能性あり

同じ店で全部そろえても問題ない？
まずはいろんな店見て比較検討した方がイイよ？値段も含めてね
ソレがむずかしいんだよナ〜
前の店で見た服忘れちゃうよ
写メ撮っとけよ
前の店に戻ってまた同じ服を棚から探すのめんどくさい
取り置きしときゃいいのよ
へ？
ちょっと考えてから買いたいときは店の人に『取り置きしといて』って言えば商品をレジ裏でキープしといてくれるんだよ
★その日1日だけの取り置きならどこでもやってくれる!!
取り置き期限が過ぎれば自動的に店頭に戻されるだけ☆
※電話確認がある店もあります。

ほかにも
やせて見える鏡を見分ける技とか…
ええぇ?!
知りたい!!! あの鏡むっちゃだまされる!!
疲れたからまた今度
え――――!!
詳細はCHAPTER11で！
おまけ♪
『スカーフ使い』色んな所に巻いてアクセントに
スカーフ初心者でもバッグなら取り入れやすい！

CHAPTER 6

# がっちりボディを活かすコーデ

## 大人の定番アイテム#6 デニムシャツ

ごめんごめん 大丈夫 ナナさんのオニガタイ ポテンシャルあるから
信ぴょう性 ねぇよ!!
本当だよ 例えば こんなんとか 似合うよ
おっ ボーダーワンピ かわいい!!
ノースリーブ…
私 肩がいかついので こういうの着れなくて……
服に「着れない」なんて ありません 着ろ
久保田さん?!!
いやいや マジっす お見せできるモンじゃ ないっす 着れません
ごめんなさい
じゃ これは?
黒ワンピ……
ふーむ

…って またノースリーブじゃないっスか!!! ナナさん着れないっつってんのに!!
うーん
やっぱチョットムリっす…
ガしっ
いいですか オニガタイの方
オニガタイの方で!!
自分で自分の可能性を閉じてはいかん
客観的に己に似合う服を探すのだ 周りの目で見た自分を基準にな!
私は「優しい」スタイリストです 遠慮も押し売りもしない
純粋かつシビアに〝人から見たナナさん〟が最高に魅力的になるようスタイリングします ちゃんとアテにして下さい
わかりました?
ナナさん?
……
はい

ううう でもこの年で新しい服チャレンジするのやっぱコワい…
わかります「イメチェン?(笑)」って人から言われるのダルいですしね
でも大丈夫ですよ
新しい自分に出会うのはきっと楽しくてエキサイティング…――
はいコレ全部着て
どさぁ
ちょ どんだけ持ってきてんスか!!
ナナさんひとつずつ着替えて出てきてくださいー
今着てるデニムシャツとてもいいので活かします
そしてあなたの身体がどれだけポテンシャルを秘めているか体感してもらいます
どれも
はじめて着るようなのばかり…
……
カジュアル過ぎない大人ガーリーなアイテムをどのコーデにも組み込んでるからナナさんの身体とうまくバランスが取れるはずです
…はい!
わ カワイイかも…!!

## コーディネートNo.1

定番アイテム#7の

黒ワンピ ＋ デニムシャツ

キレイなデコルテをアピールしつつ、
シャツやストールと重ね着することで
ガッチリした肩と二の腕を
隠しちゃおう☆
ヒールでもスニーカーでもOKな、
ヤボったくない大人の
リラックスコーデ♪

## コーディネートNo.2

スカート ＋ デニムシャツ
＋ 手持ちのボーダーT

カジュアルなデニムシャツも
上品なホワイトのスカートと合わせれば
大人エレガントに♪
手持ちのボーダーTとデニムシャツを
中外逆に着てみたら、
一味違った技ありコーデのできあがり♪

## コーディネート No.3

### ストライプワイドパンツ + デニムシャツ

柄物はトップスでなく
ボトムスに持ってくると、
落ち着いたこなれ感が出るよ☆
カジュアルなデニムシャツも
パンツにインすれば、
途端にノーブルな小奇麗アイテムに
早変わり♪

## コーディネート No.4

### カーゴパンツ＋フェミニンなキャミ
### ＋ デニムシャツ

カーゴパンツなら
ゴツい太ももをうまくカバーしてくれて
安心だネ☆
デニムシャツと
どちらもカジュアルでメンズっぽいから、
インナーと足元には
女性らしいアイテムを合わせて
バランスを取ろう♪

コーディネート No.5
ロングスカート ＋ デニムシャツ
春夏なら爽やかな白のロンスカが
上品な女らしさを演出してくれる♪
メンズっぽいデニムシャツとのバランスも完璧☆
ベルトでウエストマークすれば
足長効果も出るし、裾をインして
キレイめコーデに仕上げても◎
シャツは腰に巻いても使えるから、
１組で何パターンもコーデが組めて
とってもお得♪
ベルトを外して
シャツをスカートにインしたり
腰に巻いてもかわいい♡
どれも
カワイイ…!!
お
本当にありがとうございます!!
大げさかもしれないけど
あたし今日で生まれ変わった
気分です!!
カジュアルな身体の
ナナさんだからこそ
似合うコーデですな
うん
うん

そう
ナイス
オニガタイ
ってことだ!!
あ
絵ハガキだ
どれ
久保田さん&光さん
お久しぶりです、ナナです。お元気ですか?
お二人にコーディネートしてもらってから、
自分の可能性が広がったこと、
今まではその可能性に
自らフタをしてしまってたことを
実感しています。
おかげでステキな彼氏もできて、
今、自分史上最高に幸せです!
東京に戻ったら
沖縄土産持っていきますね♪
それでは。
──ナナ@沖縄
幸せかよ

# 大人女子の定番アイテム#6

## 徹底比較！ デニムシャツとジージャン使い分けマニュアル!!

デニムシャツとジージャンの1番の違いは丈の長さだ。
たとえばワンピースに羽織るには、デニムシャツよりジージャンのほうがスタイルがよく見えることが多い。
それが着丈の効果。
丈の短い服を羽織ることで、上半身がコンパクトに見えると同時に腰から下が長く見えるのだ。

なるほどですね。
丈が短ければ短いほど脚長効果が増大するってことですね？
やっぱデニムシャツだけじゃだめか。

いや、シャツでも裾を結んで着れば同じような効果が出せるよ。
裾を結ぶと丈が短くなるからジージャンを羽織るのと同じになる。
バスト回りをふんわり覆うから、大きすぎるバストも小さすぎるバストもカバーできるんだよ。

あれ？ 神アイテムじゃないっすか。
ジージャンもういらないジャン？

ひとつだけ注意点。
『シャツの裾を結ぶ』スタイリングは
流行りすたりがある。
それと、基本は春夏専用の着こなしテク
だから秋冬には使えない。
その点ジージャンなら
オールシーズン使えるし、
流行りすたりも気にしないですむ。
値段もそんなに高くないわりには
一生着たおせるアイテムだから、
定番として1着手に入れてみても
いいかもね！

◀夏ならマキシ丈ワンピに羽織ると
一層足が長く見える！

ジージャンの万能ポイントは
まだまだあるよ。
Tシャツからブラウス、ニットまで
オールシーズンあらゆるトップスの上に
羽織れる。

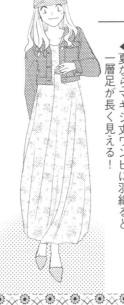

カジュアルにもカッチリにも、
ガーリーにもロックにも、
あらゆるテイストに合わせられる。
春夏はアウターとして、
夏は冷房対策として、冬はコートの中に
プラス1枚着る便利アイテムとして、
1枚であらゆる役割をこなす。
腰巻きすれば、たいくつなコーデに華を添え、
気になるお尻を隠し、腰位置を高く見せて
脚長効果も発揮する。

色は選び方にコツあります？

濃いブルー（次カラーページ①、②）がいい。
ワンウォッシュとか、
生地がちょっとやわらかくなってるやつ。
一番よく見るタイプだね。
擦りきれて穴とか開いてるような
ブリーチされた薄いブルー（同⑤）
はいいんだけど、ダメージ具合が強すぎると
カジュアルな場でしか着れなくなるんだ。
その点、ワンウォッシュなら
オン・オフどちらでも着られる。

このくらい濃いブルーがイイね!!
次ページ①②参照

ちなみにデニムシャツは濃いブルー、
薄いブルー両方持ってると便利。

どう使い分けたら？

カウンターよ。

！ そうか、ボトムスに濃い色をはきたいときは
薄いブルー、逆に薄い色をはきたいときは
濃いブルーを着ればいいんだ。

正解。ボトムスじゃなくアウターの色に
カウンターで合わせてもいいね。
どっちか1枚だけ買う場合、例えば濃い色のアイテムを
多く持っていたら、薄いブルーを買えばいいんだ。

YES！

同じデニムだけど、ジーパンよりグッと
大人女子っぽく仕上がるんですね。
あー、やっぱジージャンもデニムシャツも
両方欲しいー!!

## いろいろあるヨ！　デニムカラー

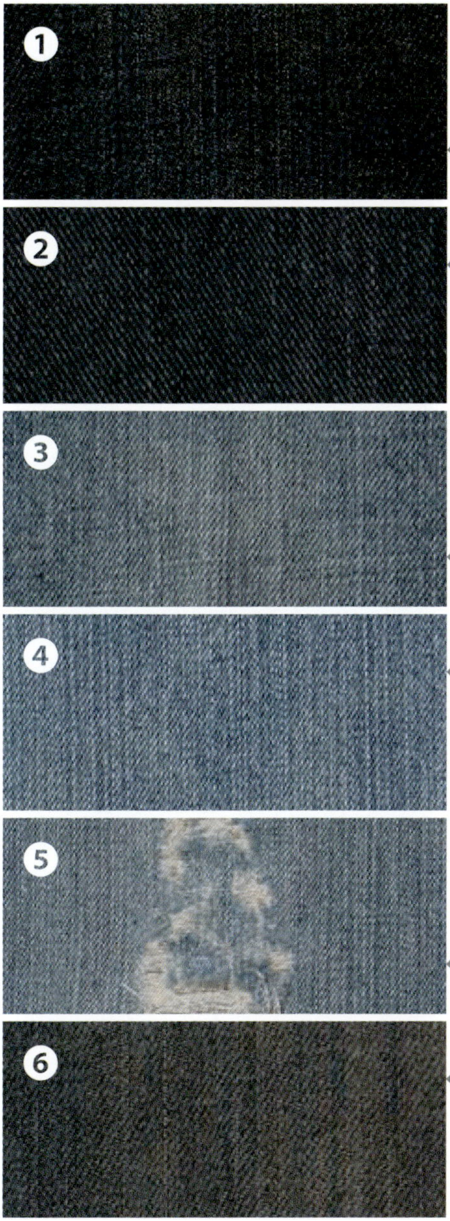


ジージャンにオススメ。
濃い目のブルー（インディゴ）。

デニムシャツなら
こんなブルーも◎。

ダメージ加工や汚し加工はカジュアルすぎて着る場面が限られる。２着目以降として持つなら○。

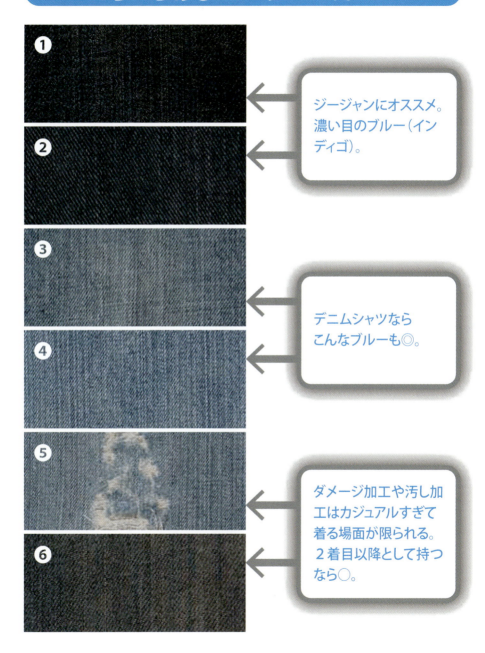

CHAPTER 7
# 高身長の着こなし術
## 大人の定番アイテム#7 ワンピース

ここはおしゃれの力で悩める人の
手助けをする相談所です
悩みを打ち明けず
「黙って服を選べ」とおっしゃるなら
服屋の店員に相談した方が早いですよ
そんなこと言ってんのかいなこのオバサン!!
ひょー
おしゃれの力? なによそれ たかが服じゃないの!!
そんなこと言うわりに「おしゃれ相談所」に足を運んでんだから体は素直ですよね
おしゃれになりてぇんだろ?
言い方おかしいわよ!! ていうかアンタ誰よ!!!
体!?
いいよ光ちゃん「たかが服」を選ぶだけなら我々の出る幕はないだろう
!
ミサトさん おすすめのショップを2、3軒リストアップしました
ズズー
ピラッ
どうぞそちらで店員さんに服を選んでもらってください

…………!!!
しーーーーん
ツンッ
ズズズーーッ
ひょーーーっ!!
……
……
……
婚活パーティというものに参加したとき
……
!
男は医者限定って回で男女20人ずつ参加してた
私は「服なんてどうでもいい人間中身で勝負だ」と思ってるからいつも通りの姿で参加したわ
えっ!! そのグレーのパンツスーツで…?!!
結果最後の連絡先交換タイムに誰も私のところには来なかったわ……
……
あっはっははは!!!
そりゃ当たり前でしょう!!
ぎょっ

なるほどなるほど それであなたは こう考えたわけだ
「適当な金額で それっぽい服さえ揃えれば 他のチャラついた女どもに 遅れをとるはずがない」
と
!!!!
そ…
その通りよ
だって どう見たって 周りは私より下品で 低脳で
仕事もできないくせに 男にたかることばかり 上手な女だらけだったんだから!!
ギャー!!!! なんか わかるけどコワい!!
残念ながら ミサトさん
あなたが他の参加者より劣って いたのは男に媚びる技術 なんかじゃありません
!?
ただ着飾る ことがおしゃれ じゃない
**おしゃれとは TPO なんですよ**
はぁ?

男性は全員医者だったんですよね？
彼らの中に白衣で来た人はいましたか？
い いるワケないでしょ？
じゃ どんな格好で参加してました？
…よく覚えてないけどほとんどがジャケットとかシャツとか
まぁごく普通のつまらない格好よ
なぜ 白衣で来なかったんでしょう？ 医者だってことはバレてるわけだし
仕事終わりにそのまま駆けつける人がいてもよさそうなもんですけど
あなたバカなの？
白衣は仕事のための衣装 白は清潔感を表すもの お客さんである患者も安心するわ
一方で婚活パーティに行くならそれに相応しい格好に着替えるのが…
あ それがTPOに合わせた服
患者さんの信頼を得るための白衣 婚活パーティで女性に気に入られるためのジャケットやシャツ どちらも・・・たかが服だけど それぞれが大きな役割を果たしている
TPOに合わせようとする努力を惜しまなければね
……
あなたが着ていったそれは服じゃない

怖くて脱げなかった見栄とプライドだ!!!
!!!!?
…
彼らの「ごく普通のつまらない格好」の方がよっぽど魅力的ですよ
相手に好意を持ってもらえるよう
気遣いして選んだ服なんだから
久保田さん実はカチンときてたんだな
……
ずっとがむしゃらに働いてきて気づけば30をとっくに過ぎてて…
今さら外見を磨く方法なんて誰かに教えを乞うことできないし
ミサトさん
ただプライドだけが大きくなっていって……

も もう大丈夫っす!! よくわかりました
光ちゃん
それだけ話してくれたなら きっと生まれ変わるような コーデをご提案できますから!!
ねぇ 久保田さん？
うむ 全部脱いで 裸になってくれた 今のミサトさんなら
着替えることは たやすいよ
……
いいこと言ってん だけど おっさんが言うと 気持ち悪いな
と いうわけで
ミサトさんの長所である 「背の高さ」と「三十路の身体」を 活かせるアイテムをメインに コーディネートしていきましょう
…長所？
婚活パーティ ウケのいいもの たのんますよ！
わかっ とる!!
人は自分にないものを 求めます
男性なら スカートのような「女性だけが 着られる服」に魅力を感じる そこで——

大きめ柄の寒色系ワンピース!!!
これこそがミサト's ベスト男ウケアイテム！
たるんできた二の腕はカバーしつつデコルテを見せて女性らしさを出して行こう!!
ワンピが男性にウケるのはわかるけど ①なんで大きめ柄？ ②なんで寒色？
うむ ひとつずつこたえていこう
①なんで大きめ柄？
背の高い女性はそのぶん表面積が大きくなるので
小さい人と同じ柄を着てはダメなんです
★小さい柄は面積の小さい服向き。背の高い人・面積の大きい人が着ると、間延びしたり、柄が多すぎてしつこく感じる!!
確かに!! 子供服とかやたら可愛く見えるけど大人が同じ柄の服着たら可愛くないかも
逆に大きい柄は背の高い人や面積の大きい人にこそ似合う!!
なるほど！

でも こんなに胸元が
開いたのはちょっと
ハズかしいな……
いや ミサトさん
めっちゃキレイっすわ
加齢と共に肉はタレてくるが
おかげでデコルテの
よけいな肉は落とされ
むしろ美しくなるのだ！
なるほどですね
だからそんなおいしそうな鎖骨に…っ!!!
はぁ
はぁ
首のシワが気になる場合は 巻物で上品に隠してもイイ
！
このストール素敵
ワンピ1枚だと
無防備感が強いので
羽織りものを
用意したい
薄手ライダースジャケット
色気あるワンピースを
辛口に引き締めてくれる。
これぞ甘辛MIX！
ニットカーデ
カーキやネイビーなど
大人シックな色がオススメ。
定番＃6 ジージャン デニムシャツ
どんなワンピにも合うし
腰巻きしてもオシャレ♪
あー でも
私どれも持ってないな
でしょうね
ム!!
でしょうねって
何よ!!
だから
ハイ
コレ。
あ
ミサトさんが
着てきた
**テーラード**
**ジャケット**

わー!!!
テーラードJK + OP♥
定番⑥のテーラードJKをワンピに合わせれば子供っぽくならない大人ワンピコーデのできあがり!
1枚羽織っただけでなんかちょっと安心しますね
久保田さんいつもシルエットにうるさいけど 今回はうるさく言わんの?
もちろんうるさいよ
Aライン
ボックスライン
Xライン
★おすすめはXラインワンピ!
『丈』→ヒザ上からヒザちょうどくらいがイイ。
マキシ丈は夏にはイイけど流行りすたりがあるゾ
『色』→初心者はダンゼン黒!
Xラインはバスト下がキュッとクビレていて裾が広がっているものがスタイルがよく見えるのでおすすめだ!
②なんで寒色?
暖色は"進出色"なので体が大きく見えてしまう
寒色系の"後退色"なら高身長やおデブちゃんも似合うぞ!

定番アイテムとして
1着買うなら
・Xライン
・ヒザ丈
・黒
鮮やかな赤やブルーのパンプスをはいたらそれだけでキマっちゃうよ
本当だ。
大人の女性を美しく見せる色ですからね!!
引きしまって見えるし何にでも合うし安物でもごまかしがきく!!!
すごい
おしゃれの力って
すごいですね
でしょー?!

恵比寿駅
Ebisu Station
ミサトさん あのあと
3着もワンピ買った
らしーですよ!!
あれだけ身長があれば
キレイに着こなせる
だろうね
……
人から見れば
明らかに長所なのに
本人だけが
そう思ってない…
ってこと
誰にでもあるんでしょうね
スシみたいな
もんだね
スシ？

素材の味を楽しむ料理だが——
嫌いな人も中にはいる
「生ぐさいからヤダ!!」とかね？
だからといって……

ケチャップや
マヨネーズを
たっぷりかけたと
したら?
おえ――――!!
もったい
ない!!
せっかくの素材の
良さが消えちゃう
じゃん!!
スシー!!!
コーディネートも
同じ
身体の短所を隠すことに
躍起《やっき》になると
いい所まで見えなく
なる
他人にも
自分にもね
なるほど
ですね。

たまにシレっと
いいこと言う
ソレ
久保田さんの
長所ですよね
へ？
何が？
ごめん 女の子カンサツしてて…
Ebisu
JR東日本
COFFEE
？？
聞いてなかったんかい!!

ん？
恵比寿駅
Ebisu Station

いろいろあるよ？ワンピース
黒のヒザ丈ワンピなら、合わせるアイテム次第でオンからオフまで大活躍！
オールシーズン向き。
背が低めなら小花柄ワンピ！パーカーやカーデを腰巻きすれば脚長効果も
春夏向き。
定番#4トレンチコートと合わせれば派手めのワンピもほどよく大人シックに
※ワンピとコートの丈は、どちらかがこぶし一つ分長くなるようにすると簡単グッドバランスに！
春or秋向き。
秋冬はニットワンピが女子っぽくて◎！メンズっぽいブーツやアウターでカウンターを合わせたい
冬向き。
アウトドアにはカットソーワンピが動きやすくてオススメ
SUNDAY MORNING
春夏向き。

顔デカ・足太・二の腕問題……

## すべて解決！スタイリストの着やせテク★

# 目的別 着やせテク

コーディネートで
最も重要なのは
シルエット!!
ここでは人それぞれ
異なる体型と悩みを
一発解決!!
目的に沿って
自分にドンピシャな
アイテムを
見つけよう!

①タテラインを強調=スラリと見せる
②首回りにボリューム=小顔に見せる
③脚を細く長く見せる
④バストを大きく見せる
⑤二の腕が太いのをごまかす
⑥立派すぎる肩を隠す
⑦おしりの大きさをカバーする
⑧ぽっこりお腹を隠す
⑨全身を華奢に　女性らしく見せる

## ① 縦ラインを強調

マフラーや
ストールを垂らす

太ストライプ柄

タイトなトップス
&ボトムスを
同系色にして
つながってる
ように見せる

Iラインシルエット
のワンピース

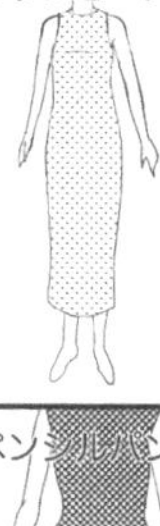

前立て付き
ブラウス

髪をアップにして
頭の上でまとめる
(※)

(※)耳から始まる
首のサイドラインを
見せることで、
首が長く見え
スタイルがよく見える。

ペンシルパンツ

比翼の
ステンカラーコート

細めの
ロングブーツ

## ② 首まわりにボリュームを出し小顔に見せる

※首回りに髪があると対比効果が弱まるので、
後ろでまとめるかハーフアップ〜アップヘア、
ニットキャップなどにしまうのが良い

第2ボタンまで開けて
シャツ襟立て

フード付きの服

大ぶりネックレス

つば広ハット

ストールやマフラーを
ふんわり巻く

オフタートル

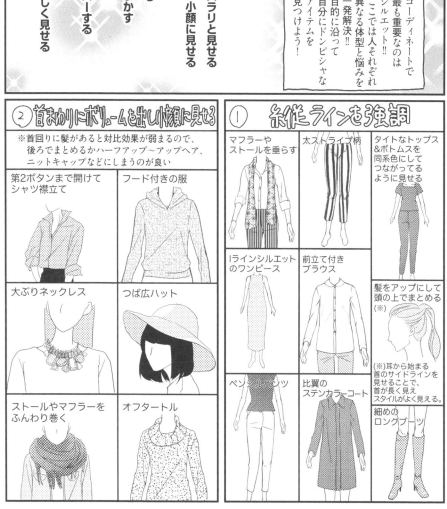

## ③ 脚を細く長く見せる

ブーツカット
フレアパンツ

すそ広がりの
スカート

膝上〜膝丈スカート

バスト下で絞って
あるシルエットの
ワンピース、ドレス

スリムパンツ＋
ボリュームある靴
（エンジニアブーツなど）

高いヒール
インヒールシューズ

ハイウエスト型の
ボトムス

ワンピースの
ウエストを
高い位置でベルト
マーク

ショート丈の
ジージャン、ケープ
などの羽織りもの

濃紺や黒のタイツ、
ストッキング（※）

（※）肌が透けない厚さ
（100デニール以上）だと
効果大

## ⑤ にのうでが太いのをごまかす

フレアスリーブ
（パフスリーブは超危険！）

ストールをポンチョ巻き

Tシャツ生地よりシャツ地
などの織物素材
（直線的な生地だから体が
シャープに見える）

二の腕部分がレースや
オーガンジーなど
透けてる素材のトップス

## ④ バストを大きく見せる

※下着の機能でカバーするのが基本だが
服でも対応できる！

シャツ地（織物）素材で、
バスト下で絞られている
デザインのワンピース
またはかぶり型の
ブラウスやチュニック

ビスチェ

カシュクール型
など胸元に
空間ができる
トップス

猫背をやめて胸を張る

## ⑥ 立派すぎる肩を隠す

テーラードジャケットや
ビジネスシャツのような肩と袖の
縫い合わせ部分がカッチリしてる服。（※）

（※）『同じ面積でも○より□の方が
小さく見える』の法則で、
Tシャツやセーターで
肩の丸みを晒すより、
シャツやジャケットで四角く見せた方が
コンパクトに感じるのだ★

ハリのある
素材で
裾広がりの
スカート
（全身を
Xシルエット
にする）

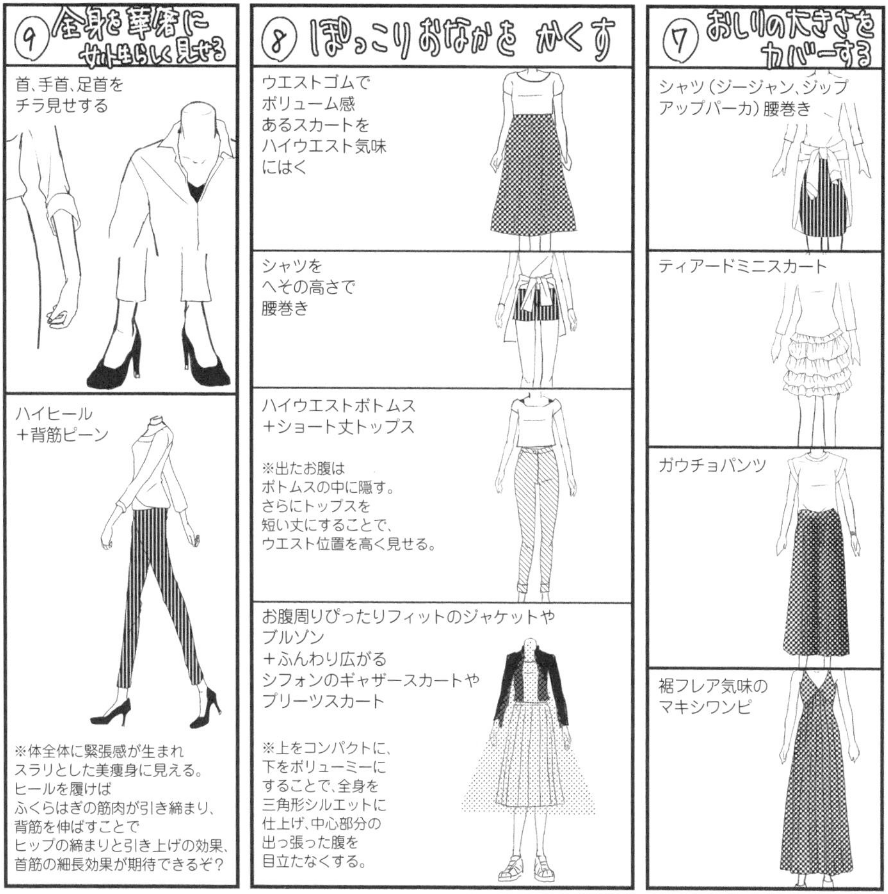
⑦おしりの大きさをカバーする
シャツ（ジージャン、ジップアップパーカ）腰巻き
ティアードミニスカート
ガウチョパンツ
裾フレア気味のマキシワンピ
⑧ぽっこりおなかを　かくす
ウエストゴムでボリューム感あるスカートをハイウエスト気味にはく
シャツをへその高さで腰巻き
ハイウエストボトムス＋ショート丈トップス
※出たお腹はボトムスの中に隠す。さらにトップスを短い丈にすることで、ウエスト位置を高く見せる。
お腹周りぴったりフィットのジャケットやブルゾン＋ふんわり広がるシフォンのギャザースカートやプリーツスカート
※上をコンパクトに、下をボリューミーにすることで、全身を三角形シルエットに仕上げ、中心部分の出っ張った腹を目立たなくする。
⑨全身を華奢に女性らしく見せる
首、手首、足首をチラ見せする
ハイヒール＋背筋ピーン
※体全体に緊張感が生まれスラリとした美痩身に見える。ヒールを履けばふくらはぎの筋肉が引き締まり、背筋を伸ばすことでヒップの締まりと引き上げの効果、首筋の細長効果が期待できるぞ？

たとえば
・背がでかくて
・肩が広くて
・ケツがデカイ女子なら
①Iラインワンピース
⑥テーラードジャケット
⑦ジップアップパーカー腰巻き
って感じで活用してみてね
Iラインワンピは背を高く見せちゃうんじゃないの？
スラリと細身に見せる　だ長所として活かしてるわけよ
なるほどですねー！

CHAPTER 8

# 使い勝手抜群の万能パンプスはこれ!

## 大人の定番アイテム#8 パンプス

今回の相談について
奥さんの意志は？
いや
言ってもイヤがりそう
なんで
サプライズってことで
いきなり連れてきて
コーディネートを…
お断りします
えええええーっ!!!?
彼女をキレイにしたいのは
〝あなたの〟願望ですよね？
今の彼女に不満があるなら
まず直接話し合うべきでは？
何言ってんスか
久保田さん
ポン
!?
そんな「直接の話し合い」
ができる男だったら
こんなトコ来てませんよ
味方ぶってるけど
サラっと失礼だよ
光ちゃん
そうなんです
シャレた所に
デートに行きたいのに
とても連れて行けない
ような服で出かけようと
するんですが
「それはない」って
言えないん
ですよ

「人は見た目じゃない」って言う女性に服の指摘をするとたいがいキレますしね（※Chapter7参照）
そうなんですよ!!!
……
マコトさんが言えないなら私らが言ったりますよ
相談料倍で
金にがめつい!!
で でも大丈夫ですか 金ならいくらでもあります!!!
ガクガク
ブルブル
よしよしあわてなさんなまずカナさんと会わせてくれたまえ
もー知らん
好きにしろ。
ねぇ 何?
美味しいもの食べさせてやるって言ってこんな人多いとこ連れてきて
GRAND FREE
自宅勤務：カナさん(36)

こんなよくわからない人と会わせて
カナ…
こちらスタイリストの久保田さん
初めましてこんにちは
スーパー☆アシスタントの光デス☆
今日はお2人が食事にいらっしゃる前にカナさんにお洋服を見立てようかと思いまして…♡
ちょっとアンタ…!!!まさか私のスタイリング依頼したんじゃないでしょうね…!!
え えへへへへ♡
帰ります
ま 待って!!!
勝手なことしてゴメン
でも今日は予約してあるイタリアンのお店に入れる程度のキレイな服を選ばせて欲しいんだ
そして一緒に美味しいゴハンを食べよう

イタリアンのくせに ドレスコードなんて 私がそういう見た目で人を 差別する店がキライなの 知ってるよね？
……
えー カナさん ドレスコードというのは 見た目差別などでは なく〜
カナさん 人は見た目です
!?
いくらキレイ事を 言ってみても 第一印象は 視覚情報がほとんどです
すなわち 顔と 服装!!
!!?
顔を変えても服は変わらないが 服を変えれば表情が変わる 表情が変われば運気が変わる
どっかで 聞いたような
運気が変われば 人生が変わる!!!
カナさん 服 変えて みませんか？
決まった!!
カナ

君が仕事がんばってるの知ってる
服に気をまわす余裕なんてないことも
でも…いや　だからこそ
たまに2人で出かけるときくらいはキレイなカナでいてほしいんだ
マーくん…
ンだよ言えんじゃねーかマーくん
カナ…!!!
じゃまずは
コレをはきましょう
ジーパン?
はいてますけど
もう今
イヤイヤ
ドレスコードがある店行くっつってんのに
えーっとフィッティング…
無視。
どこかなっと

どうですか?
信じられないくらいやわらかい!! 何これ? ジーパンじゃないの?
これは『ニットデニム』織物であるデニムとは違う編物組織なのでとにかく伸びるから心地良いでしょう!!!
ホントだ 手でつまんだ感じでもわかるっ!!!
へー いいなぁ ウエストもゴムだし これなら長時間のデスクワークでも平気そう
!
そうか だから仕事のある日はいつもジャージで…
自分の見た目が気にならない女性なんていませんよ
ただ 座り仕事がメインの彼女にとって どうしても体をしめつけたり
摩擦に弱い華奢な素材は厳禁だったのでしょう
それに慣れるとたまに出かけるとき何着たらいいかわかんなくなるよねェ
漫画家だからよくわかります
光ちゃん…!!

家仕事仲間。
ひしっ
キャップ同盟…
僕彼女がもうおしゃれなんてどうでもいいって…
女であることを捨ててしまったんじゃないかと思ってて
それはないでしょ
だってホラ
あんなに楽しそうに服を選んでる
ねぇマーくん!!
薄い青もあったんだけど汚れるからネイビーがいいかな?
……
でも薄い青は春も使えるしな
両方買ってあげるよ

金ならいくらでもあるんだもんな
えっ ホントに？
君が服を買うなんて久しぶりだしね
そうだね ここしばらく女をサボってたよ
さてウォーミングアップはこんなもんか
いよいよお食事デート用の服を選びますか！
おねがいします!!
へ？
ちょ 久保田さん何言ってんスか
あなたの出番だよ
この仕事引きうけたの光ちゃんでしょ？
頼むよ☆スーパー☆アシスタント♡
久しぶりに服を見るから緊張してて…!! 女性のスタイリストさんで安心しました♡
イヤ 私アシスタント…
光ちゃん 今こそ『大人女子の定番アイテム』を使え!!!
!!
定番アイテム…!!

大人女子の定番アイテム
#1 白シャツ
#2 テーラード ジャケット
#3 プリーツ スカート
#4 トレンチコート
#5 グレーの パンツ
#6 デニム シャツ
#7 ワンピース
……
……!!
うしっ
大人女子定番アイテムを使った…
ディナーデート用コーデ…!!
ばばばっば
forカナさん（身長153cm）…!!

はいっ!!!
こだわりのキャップは
そのまま活かすことで、
フェミニンなワンピに
スポーティさをトッピング！
デコルテが透ける
素材で
やんわり肌見せ♡
コンパクトな
ジージャンをはおって
スタイルよく見せて！
背の低いコ向け！
ヒザ上丈の
黒ワンピース♪
うわぁ…!!
すごい
全然ちがう!!
スニーカー
自分じゃこんなの絶対
選ばないから…
なんか不思議な感じ
変じゃない？
変じゃない
変じゃない!!
ていうか むしろその…

すごくカワイイと思う…
…
…ホント?
久保田さん
はい
カナ♡
マーくん♡
クツって アレ→で あってます?
ああ
今はいてるスニーカーでも もちろんいいんだが
やわらかな女性っぽい フェミニン要素に 対して カジュアル要素が ちょっと多過ぎるね
フェミニン
ワンピース
カジュアル
キャップ
ジージャン
スニーカー
せっかくのデートだし
足元はフェミニンな コイツに変更
大人女子の定番アイテム
#8 パンプス
ピンクベージュ
8cm ヒール♡
ヒール5cm以下は女っぷりが弱く、
地味な色だとなおさらババくさくなる！
5cm以上のヒールで
**黒**または**ピンクベージュ**のパンプス！
すごい…!!

すごくいいよ
カナ!!!
ヒールなんて
何年ぶりだろ
ピンクベージュは
ベージュほどババくさく
ないし
デニムから黒ドレスまで
何にでも合う
優秀アイテムなんだ
新しいクツを買うと
コーデのバリエーション
広がりますヨ
確かに 手持ちの服より
手持ちのクツに
合わせるほうが
いろんな服買えますね
また一緒に服買いに
行こうよ
うんっ
人を見た目だけで
判断するのは良くないけど
外見への気づかいで
周りの人が喜んでくれるなら
ないがしろ
には
できませんね
おっ
その通り

久保田さん
スーパー☆アシスタント 光ちゃん

マコトの妻、カナです。
先日は貴重な体験をさせていただき
どうもありがとうございました。

あのときまでの私は、正直息苦しさの中で
もがいていました。
部屋にこもる仕事で人に会う機会も少なく、
だんだんファッションにも疎くなってきて、
たまに外出するといっても
何を着ていけばいいかさっぱりで……。

そのうちオシャレな人が多い場所や、
新しいスポットに出かけるのもイヤになって
しまいました。

でも、先日コーディネートしていただいてからは
世界が変わりました！色々なところに積極的に
出掛けて行くようになり、
夫もすごく喜んでくれて
夫婦仲も円満です。服に自信が持てるだけで、
こんなにもアクティブになれるんですね
今日も仕事帰りの夫と待ち合わせて、
渋谷でショッピング&ディナーです。

久保田さんのおっしゃった「人は見た目」という
言葉の意味が、今ならよく分かります。
見た目を変えただけなのに、
まるで羽が生えたみたいにどこにでも
気軽に出かけられます。

本当に本当に、どうもありがとうございました。

カナ

# これ1足で イイ女！ 大人のヒール入門

## 美容院にはおしゃれして行こう★

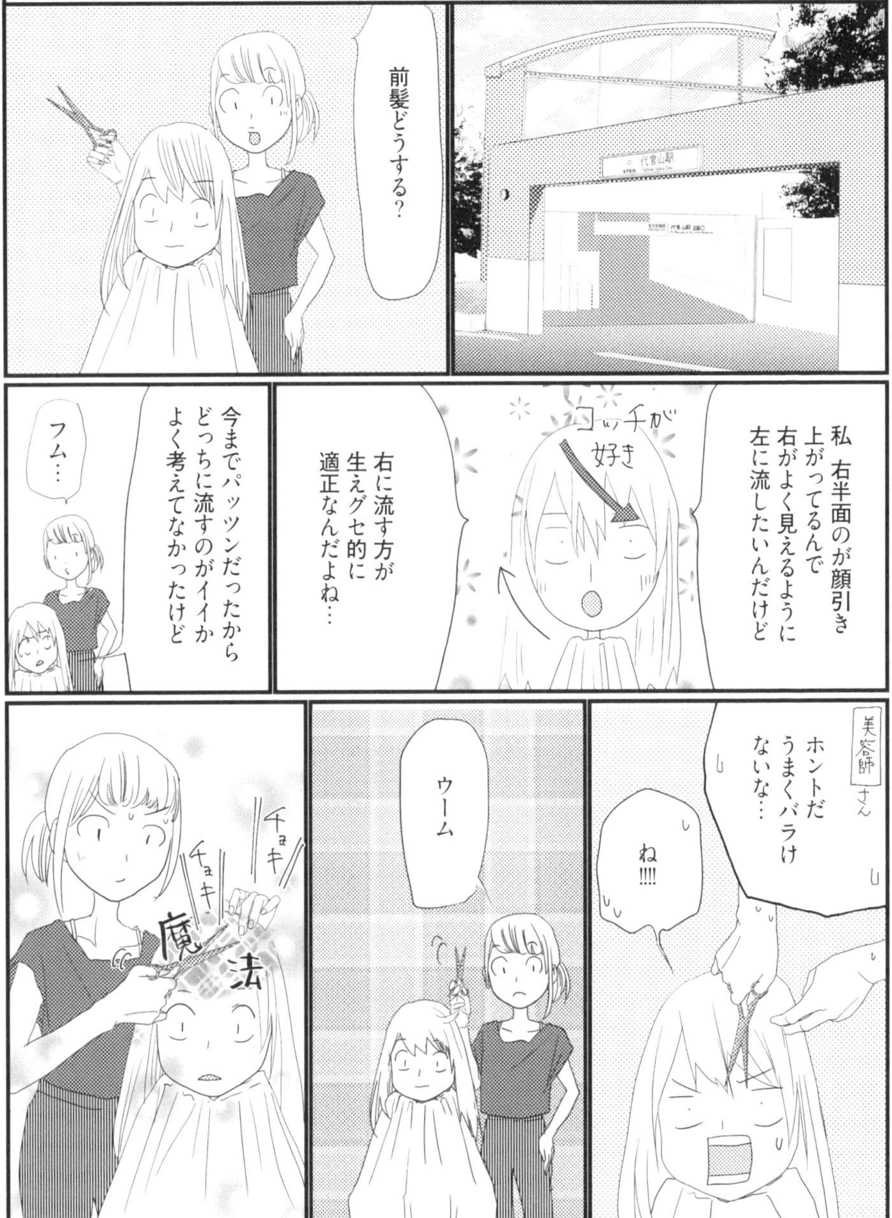

あ
デキタ
そっか
ココか
ス
スゲー!!!
束だらけだった前髪がサラサラ7:3流し髪に!!?
フムフム
そっかOK ココだ
ココ切ればイケた
ココってどこ?!!
美容師スゴい!!
プログラミングのデバッグみたいに言うやん!!
魔法やん!!!
って感じで
いつもイイ感じにしてくれるアヤさんてゆー美容師さんがいるんですよ
ほーう

やるじゃん‼ ちゃんと都会のおしゃれスポットで切ってもらってるんだね
エライ エライ
家からチャリ5分 スッピンでも行ける範囲で一番安いトコ選んでるかと思ってた！
エッ… アヤさんと出会うまではそうだったかも… だって わざわざおしゃれしてないと行けないようなトコに行くの大変…
やっぱり
美容院はリラックスするところにあらず！ 自分磨きにいく場所なり
目一杯おしゃれして 最高の自分で向かわないと ヘアもそれなりの仕上がりにしかならない
これは服を買いに行くときも同じ
おしゃれして行かないとおしゃれな服は選べない！
男性がスーツを仕立てるときは当然スーツを着ていく それと比べながら新しいスーツを選べるからね
あ 矢島スーツ男性好きです
それは知らん

ちなみに光ちゃんは
何で代官山で
いつも同じ人に
切ってもらってるの
ほ
アヤさん
店長さん
大学生矢島
私が大学生のとき まだ美容師見習いだった
アヤさんに声かけてもらってカットモデルしたん
ですけど 仕上げはいつもそこの美容院の
店長さんがやってくれて
フムフム
店長さんが仕上げると
なぜか
自分がいつもの倍
かわいくなったように
思えて
不思議だったから
ほかにも色んな美容院行ってみた
けど アヤさんと店長さん以上に
かわいらしく切ってくれる
美容師さんはいなかったんです
で アヤさんが独立する
タイミングで一緒に
代官山に！ って感じです‼
へぇ 代官山っていうのはイイね
周りがおしゃれピープルばかりで
油断できない環境に身をおくことで
自分の身なりにも最大限の注意を
払わざるを得ないことはとても大切
でもそういうお店が
近くにない人はどうしたら？
大都会とまでいかなくとも
せめて行ける範囲内で一番人が多くて
アカ抜けている街に行くことだね

その アヤさんみたいに信頼 できる上手な美容師さんに 会えてよかったね光ちゃんは
ほんとそー 思います
でもそうじゃないときに オーダーの仕方にコツって あるんですか?
よく聞くのが 芸能人の切り抜き 持っていくって パターンだが
美容師さんいわく あれは『人による』 そうだよ
えっ
つまり 自分の容姿をよく分析 していて 自分に合いそうな 写真を持ってくるお客は やりやすいんだって
逆に本人とかけ離れた容姿 (・頭の形 ・毛量 ・顔の輪郭や雰囲気) のモノを切り抜いて持って 来られても 正確に真似した ヘアにしたところで お客は 満足してくれないらしい
私よく有名モデルの名前で オーダーしてますわ
光ちゃんが満足して 帰れてるなら ギリセーフ なんじゃない?
……
あとはやっぱり おしゃれな客が多い店の スタッフは オシャレに 仕上げることに慣れているから 任せて安心
あー それもあって 「都会の美容院に行け」 と!
そゆこと!!

ちなみに久保田さんはどこの美容院に？
家からチャリ圏内の
こじんまりしたリラックスできる美容室
エー さっきと言ってること違いますやん…
俺はいいの
スタイリストとして日々オシャレピーポーに囲まれることで自分磨きはすでにできている
だーから居心地重視ー
ほー
おしゃれ客に慣れてる美容師さんであれば『**私にオススメのヘアスタイル教えて？**』って率直に聞いちゃうのもいいかもね(※)
なるほどですねー
(※)ただし、その場でいきなり頼むのは美容師さんが困るので予約を入れたときにお薦めのヘアスタイルを用意して欲しい と伝えておこう！

# CHAPTER 9 手持ちの服でも着こなし次第

オイ マユ 親に向かって "ダサいのヤメて" はダメだろ
ムッ
マユは女手ひとつで育てたせいか負けん気が強くて…
ああ
ほぅ〜
女手ひとつ…
キラーン
あのな
親は子を育てるために自分の見た目を気にしてるヨユーなんてないんだよ
わかってますよそんなこと!!
ユミコさんちょっと隣の部屋に行きましょうか
えっ…
ん？ あれ？ 久保田サン…？
おーい
パタン
光さんだって
？
自分の親にはいつまでもきれいでいて欲しいでしょ？
ウチはお父さんが早くに死んじゃったけどおかーさんまだ若いんだし恋とかして欲しいもん
ほう……
しょーがないちゃんとそういう理由があるんであれば…
あ でもウチお金ないんで依頼料出世払いでいいですか？

は？
2年以内に必ずモデルになるんでそのときのギャラで…
ダメです
は？
自称モデルの卵なんて何万人いると思ってんの
そのうちまともなギャラがもらえてるのなんてほん～の一握りの…
ス
ツ
お請けします
久保田さん?!!
マジ!?
ありがとう!!!
ちょっと！食いっぱぐれちゃいますよ
かまわん!!
ユミコのためだ!!
はあぁあー!!

こんにちは
すみません こんなむさ苦しいところにおいでいただいて…
確かにむさ苦しいですが どうぞお気遣いなく!!
コラコラ
早速ユミコさんの今日のスタイルをガン見しておりますが
……
マユさんどう思う?
普通におばさん
コラ!! マユ!!
そう 普通のおばさんだ
コラ!! 久保田!!
日本人は色合わせはうまいがシルエット作りがヘタだ 今のユミコさんは上下ともゆったりしすぎているのがオバサンくさい原因
なので

こうする
!
ちょっと引きしまってイイ感じ
ベルトだけじゃなく上着を腰に巻いたりパンツにインしてもOK!
ベルトをマーク。
before
パーカー腰巻き。
ボトムスにイン!!!
おおー!!!
体型を隠そうとするとつい同じようなゆったりした服を選びがちだが
シルエットにメリハリをつけることは常に忘れないように!!

あと お母さん脚短いんだけど
長く見せらんないかな？
ちょっとは歯に衣着せてよマユ…
単純に高さ《ヒール》のある靴をはけば脚が長く見えますよ
お母さんフラットシューズばっかだもんね～
楽なのよ…
先ほどクローゼット拝見させてもらいましたけどこのローファーいつもはいてます？
あぁ それは1足だけあるよそ行き用の靴です
これイイですよ使いましょう
どうでしょ？
+α
第2ボタンをあけてきれいなデコルテ見せ！
+α
袖をまくって細い手首見せ!!
before
いいね!!
いい!!

ただ全身無地だと
ちょっとさみしい
出かけるときに
ここに1点
〝華〟を足そう
!
?
ゴソゴソ
お母さん
コレ
スカーフ
おぉ――
さすが久保田さん
仕込みましたね?
まーねっ
安物だけど
プレゼント
マユ…
久保田さん
今日の格好なら このカバン
合いますよね?
?
お
エルメスの
クラッチバッグ

お母さんそんなの持ってたの?!
ふふふ、昔お父さんにもらったんだよ
彼が先に逝っちゃって自分の格好に手が回らなくなってからは
なかなか使う機会がなくて
よく似合いますよ
そのバッグも
ストールも
ありがとうねマユ
お父さん
あーあ
久保田さんノーギャラでよくあんな仕事できますね
……
あの2人が事務所に来た日ユミコさん自身にスタイリングを受ける意思があるか確認したんだ
「変わりたい」という気持ちが本人になければその場限りの着せ替え人形になるだけだからね

ユミコさんは「私が変わって娘が喜ぶのなら」って変わる意志を見せてくれたけど
「でも私にはお金もセンスもない」って言うから
ムカっときたんだ
!?
『おしゃれは結局センスと金なんでしょ』って言われてる気がしてね
ちがうんだよ 気持ちがあればセンスやお金がなくても人は変われる
だから
うむ うむ
「アホか!! 手持ちの服だけでおしゃれにしてやるからクローゼット見せろや!!」
つって…☆
なんで売られてもないケンカ買ってんすか……

3週間後――
あ
先月のユミ・マユ母子からメールきてますよ
どれどれ？
この前は本当にありがとうございました。
おかげさまで母もオシャレに目覚めたようで、
なんだか言動まで若返って家の中が明るくなりました。
そのせいか、最近パート先の社員さん(男です)から
食事に誘われているそうです。
私はぜひ行って欲しいのですが、
母は「そこまでの服なんて持ってないし…」と言って
渋っています。
そこでお二人にご相談です。
何とかお金をかけずに、
母が自信を持って食事に行けるようなコーディネートを
教えていただけないでしょうか？
マユ
……
どこまで厚かましいんだ最近のJKは
じゃ断ります？
受けるよ!!
受けんのかよ!!
ここで断ったらお題が難しくて逃げたみたいじゃないか
イヤ そんなことは誰も……

お金をかけない
デート服…か
光ちゃん
アポとっといてー
はーい
つづく

ストールの巻き方イロイロ♡
手持ちの服でも
シルエットにメリハリをつければ
一気に洗練された印象に！
適当に巻いても
それっぽく
見えるよ
大判のものなら
セレブっぽく肩掛けも
ネックレス代わりに
垂らしてもOK
首から
垂らすだけでも
ステキな
アクセントに

## 春夏こそ重ね着《レイヤード》がおしゃれ★

ここで
ばっ
よりおしゃれに見えるレイヤード!!!
カーディガンとか？
くるっ
いや Tシャツ
もう着てますよ!!!
白Tの中にもう1枚色違いのTシャツを着てみると…
おー!! 立体感!!
そう!! 裾部分に1段色が増えることで立体感が出てメリハリの効いた身体に見える!!
シンプルすぎるコーデは身体にメリハリが効いてるモデル体型の人でないと物足りなく見えてしまうので…
のっぺりボディには服でメリハリをつけよう!!
裾さえ2段になればいいんだから インナーはタンクトップやキャミでもOK
キャミソール
タンクトップ
真夏はタンクトップ2枚重ねもイイね。
透ける素材や肩の出るTシャツでも重ね着すればいやらしくならないよ
レイヤードテクは他にも色々!

春夏レイヤード技-1：スカーフorストール
ストールを首に巻いたり
垂らすだけでもOK！
身体に凸凹が増えるため
メリハリボディに見える！
ストールを長く
垂らすと
縦ラインが強調
されて
スリムに見える!!
首に巻くことで
見る人の視線を
上にあげて
背を高くスマートに
見せる効果も!!
肩から羽織れば
夏のクーラー対策
にもなって便利！

春夏レイヤード技-2：巻きシャツor巻きカーデ
シャツやカーデを腰に巻くと
ボリュームが出るから
相対的にウエストが
細く見える!!
気になるヒップラインも
隠せるオマケ付き！
肩にかけたり巻いたりすれば
首が細く、顔が小さく見えるゾ!!
つまらなく見えがちな
Tシャツ&ジーパン姿に
良いリズムを加えてくれる！

## 春夏レイヤード技-3：ベルト

ベルトが１本ラインを入れてくれるおかげで
身体にメリハリが出る

ベルトの太さには流行りがあるから
店頭で推してるベルトをチェックしよう！
（93ページ参照）

物理的な段差のメリハリと色数が増えることによるメリハリ
これがレイヤードの恩恵だ！
単調になりがちな春夏服こそ重ねて行けってことですね！
春夏のレイヤードが上手な人は秋冬のコーデもうまい
でもおしゃれ初心者にレイヤードできるかな……
レイヤードに関しては欧米人より むしろ日本人が感覚的に優れていると思うぞ!!
そうなの!?
欧米人はそもそも顔や身体に凹凸メリハリがあるからレイヤードしなくてもシンプルコーデでバッチリ決まってしまう
…ところが平たい顔・身体の日本人はそういはいかん
だからこそ着物とか色重ねで立体感と美しさを魅せるコーデテクを磨いてきたんだろう
《欧米人》
《日本人》
十《じゅう》二《に》単《ひとえ》とか!?
究極のレイヤードだね!!

CHAPTER
# 10 ／ スニーカーにジーンズはNG

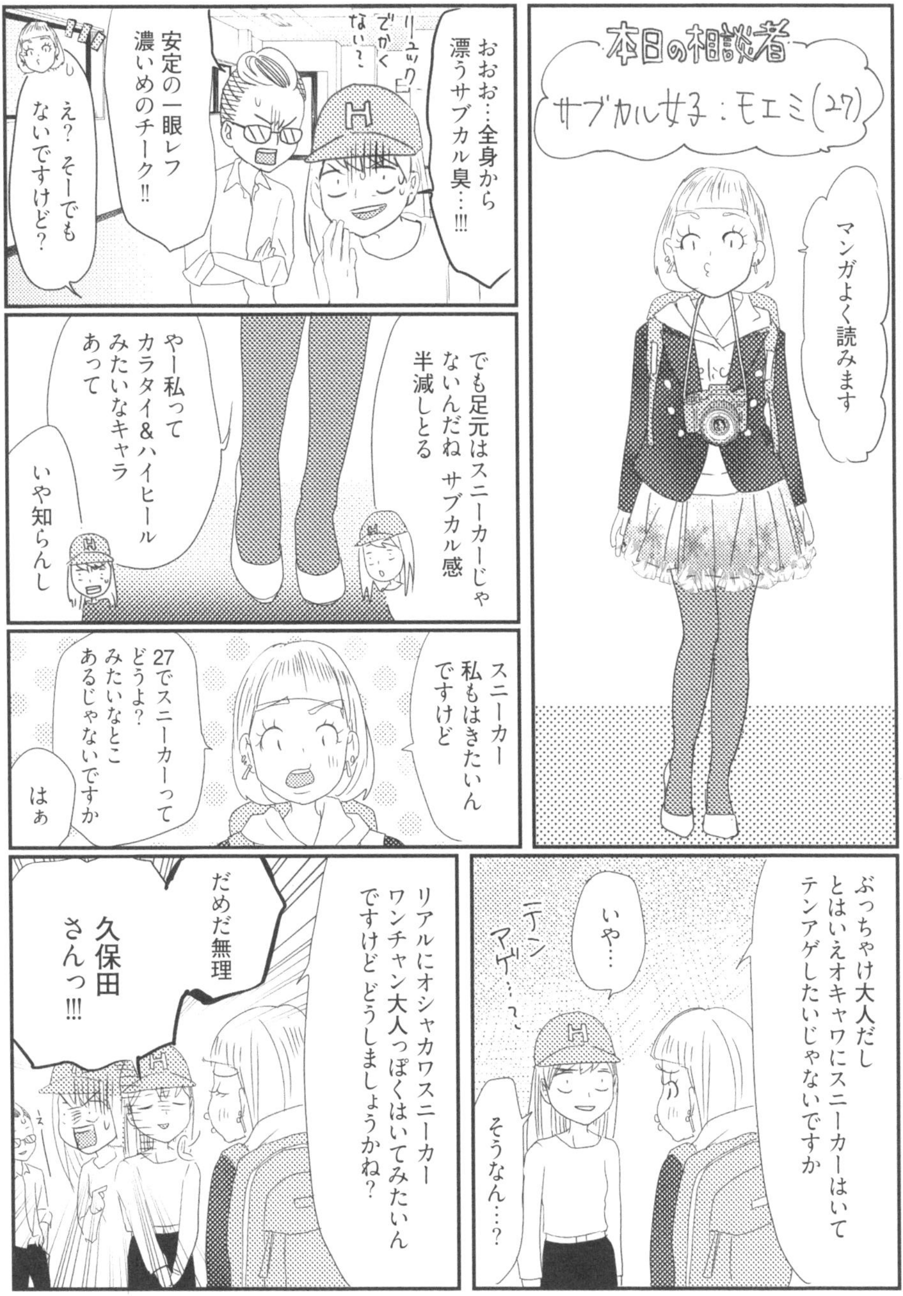

モエミさんの話をまとめると
「大人かわいくスニーカーをはきたいが、なぜか近所のおばさんみたいになっちゃう」
でOK?
ヤバ!!
そっすそっす
クボセン
ガーサス!!
誰がクボセンやねん
まぁまぁ
そんな鬼ヤバな顔ヤメときなよおねえさん
あぁ?? 君みたいにズレてるのに堂々としてるタイプは苦手なんだよ!!
ヤバッ!!
まじテヘペロっすごめんて光サン
ズレ感でいったら2人とも変わらんでしょ
まじスか傷ついた~
いいから久保田さんスニーカーのレクチャーをおねしゃす!!!
はい
まずは
光ちゃんカリカリきてるなー(笑)
「スニーカーにジーンズを合わせるな」
これです

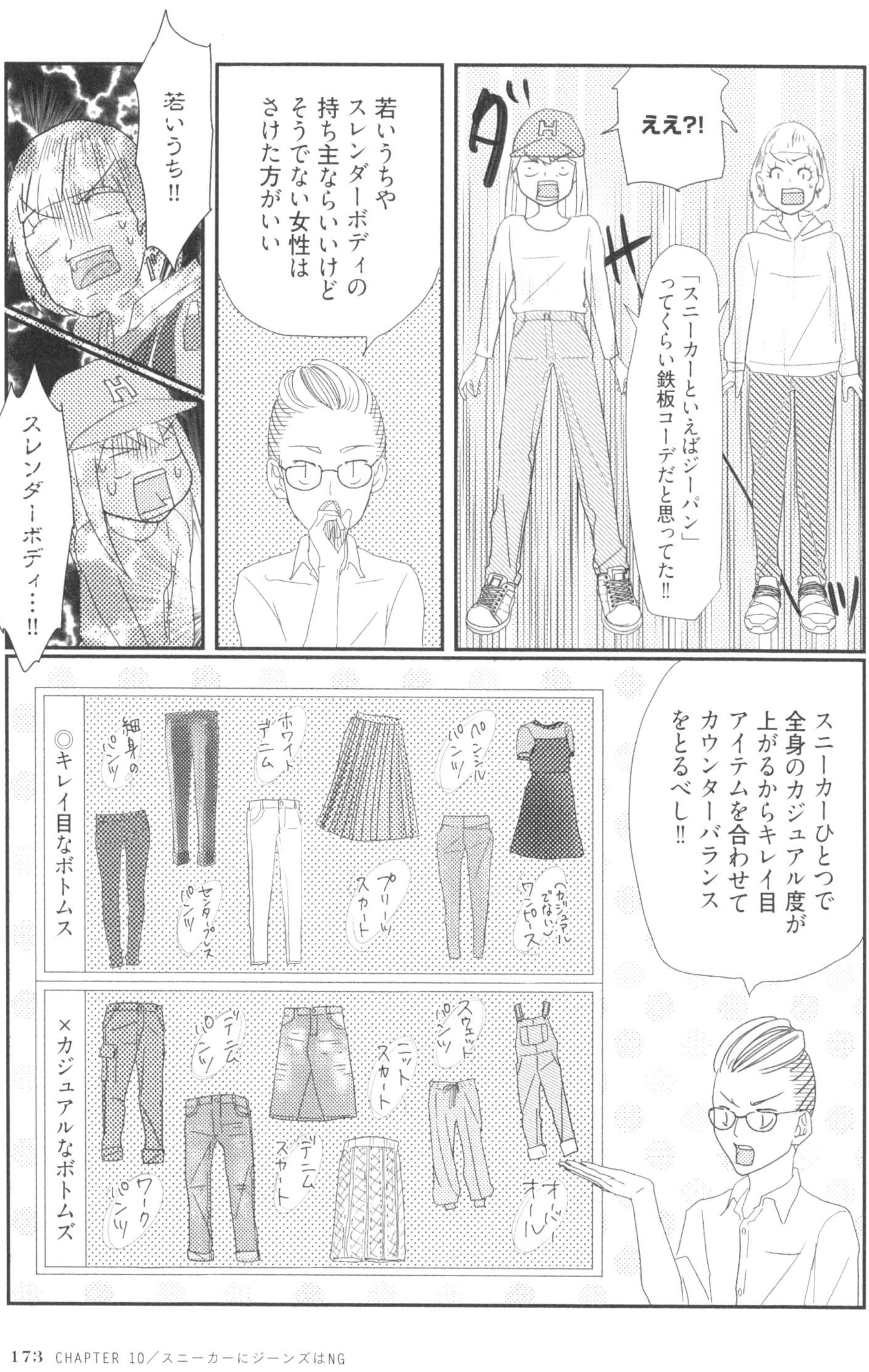
ええ?!
「スニーカーといえばジーパン」ってくらい鉄板コーデだと思ってた!!
若いうちやスレンダーボディの持ち主ならいいけどそうでない女性はさけた方がいい
若いうち!!
スレンダーボディ…!!
スニーカーひとつで全身のカジュアル度が上がるからキレイ目アイテムを合わせてカウンターバランスをとるべし!!
◎キレイ目なボトムス
(カジュアルでない)ワンピース
ペンシルパンツ
プリーツスカート
ホワイトデニム
センタープレスパンツ
細身のパンツ
×カジュアルなボトムズ
オーバーオール
スウェットパンツ
ニットスカート
デニムスカート
デニムパンツ
ワークパンツ

でもクボセン 雑誌のモデルさんはスニーカーにカジュアルなアイテム合わせて着てますよ？
モデルは顔と体が小ギレイだから
全身カジュアル服を着せてもバランス取れるんよ
つまり小汚い顔と体を持つ私ら一般人は
うりああああ゛!
ムリゲーってことですか!!!
はは
はー
どうしてもジーンズとスニーカーを合わせたい場合はロールアップして足首を出すといい
おお――っ
足首に抜け感が出てスッキリ エモキュンですよ
でも何で？
リュックとカメラを下ろした（重いので）
服のシルエットでメリハリをつけて身体のメリハリのなさをカバーしてるんだ

身体の
メリハリの効いた若い身体なら のっぺり平坦なコーディネートも着こなせる
でもそうじゃない場合は服で…
わかった わかった もうわかった
はーっ はーっ
クボセン すごくないですか？ これで私もスニーカーを大人かわいく使えそうです
はーっ はーっ はっ
大丈夫？
メリハリをつけて
大人かわいくスニーカーをはこうね
スニーカー女子はモテるらしいから上手にはけば男性が寄ってくるかも?!
!!
クボセン もうひとつ聞きたいんですけど
ほう
スニーカー スニーカーっと…
私上半身がしっかりしてるんでこういう服ばっかなんですけど
これに下 何合わせたらエモキュンコーデになります？

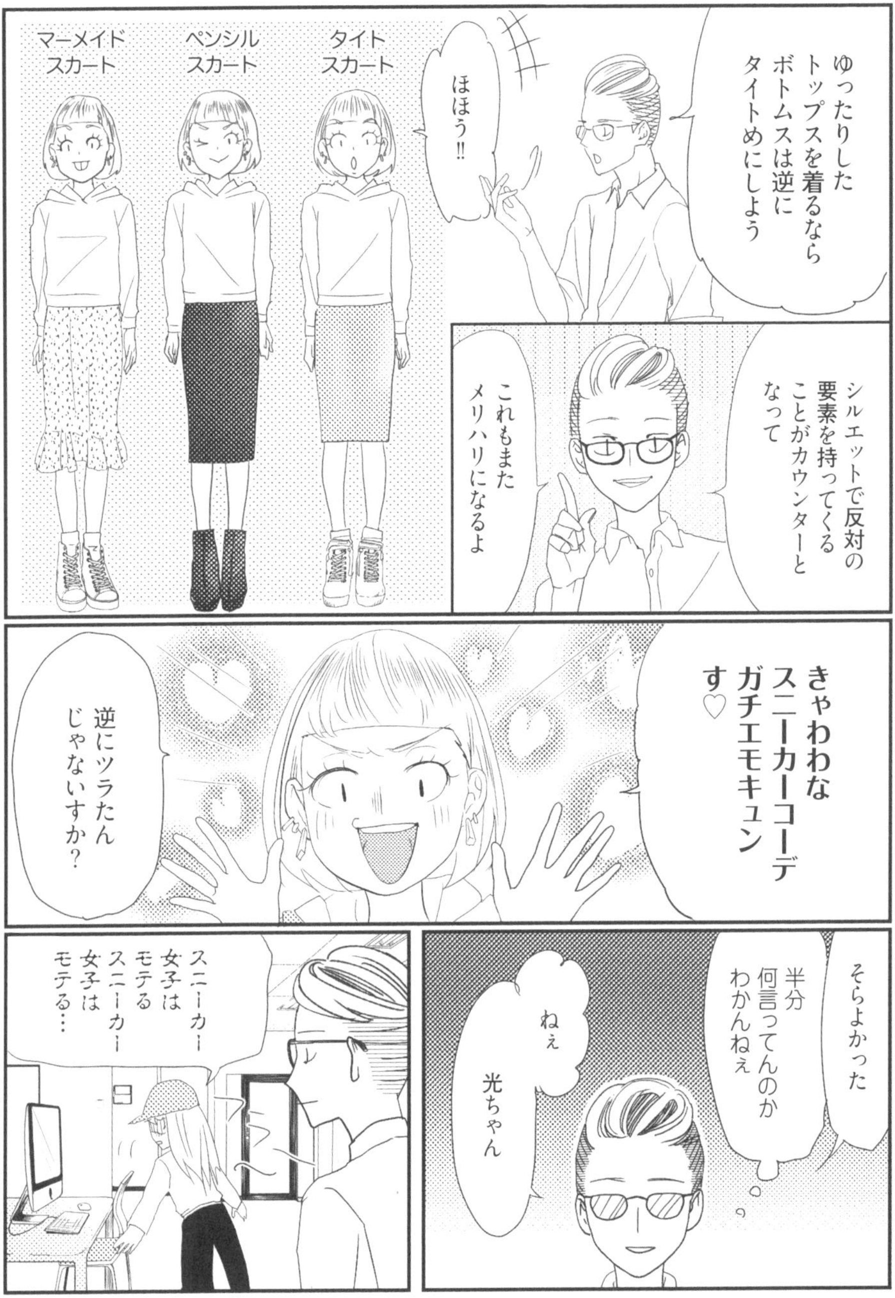
ゆったりした
トップスを着るなら
ボトムスは逆に
タイトめにしよう
ほほう!!
タイト
スカート
ペンシル
スカート
マーメイド
スカート
シルエットで反対の
要素を持ってくる
ことがカウンターと
なって
これもまた
メリハリになるよ
きゃわわな
スニーカーコーデ
ガチエモキュン
す♡
逆にツラたん
じゃないすか?
そらよかった
半分
何言ってんのか
わかんねぇ
ねぇ
光ちゃん
スニーカー
女子は
モテる
スニーカー
女子は
モテる…

…
後日
久保田さん見てください!!
adios
!?
光ちゃん…ずいぶん攻めたスニーカーはいてるね
へ？
おやおや久保田さんともあろうお方がアディオスオーバイオー×ジェレミースコット・フォー2NE1をご存知ない？アディオスオリジナルス・バイ・オリジナルスからリリースされたばかりのブランニューモデルですぞ？おなじみJS・WINGシリーズのスペシャルコラボモデルなり！そもそもスニーカーというのはですなー…
光ちゃん
それスニーカー女子じゃなくて
スニーカーオタクだから…

大人女子のスニーカーコーデ術!!
カジュアルな
スニーカーには
キチンと感あるアイテムで
カウンターを
太いパンツの場合は
センタープレス等
キレイめデザインを選ぼう
プリーツスカート等
キチンとしたスカートは
好相性
ふんわりガーリーな
スカートや
ワンピも
ナイスカウンター！
パンツなら
ダボついてない
細身のものだと
野暮ったくならないぞ

ユニクロ・GU・H&M……

# ファストファッションを賢く使い分ける★

ヨーロッパスタイルは白黒やベージュなど落ち着いたカラー展開が多いから
パッと見同じように見えがちだけど
スペイン
ZARA
色味よりもシルエットで
着る人の魅力を引き出そうとしているんだ
つまり欲しくなくてもどんどん試着しろってこと？
めんどくさい──っ
自分が着なくてもマネキンや店員さんが着てる服を見てもシルエットはわかるよ！
なるほどですね他に注目すべき点はあります？
じゃ次はこれ
【長く着れる順】
（耐久性などを比較した場合）
ユニクロ
ZARA
GAP
GU
H&M
FOREVER21
コスパはユニクロが勝ち？
ほほ──
さらにこれだ
【トレンド感の強い順】
H&M,GU
FOREVER21
ZARA
GAP
ユニクロ
でそのココロは？
つまり
とにかく安い！トレンド重視
FOREVER 21
GU
トレンドにこだわらない定番服
ユニクロ
GAP
と用途に合わせて使いわけろってコト

そして最後に
【メインターゲット年齢層】
（婦人服の場合）
ZARA…20〜50代
ユニクロ…10〜60代以上
GAP…10〜60代以上
GU…10〜50代
H&M…20〜40代
FOREVER21…10〜30代
思ったより幅広いなぁ〜!!
これは実年齢というより見た目年齢なんだ
若く見える人なら40歳でF21を着ても違和感はない
なんかGUとH&MとF21のちがいがイマイチ…
その3ブランドは発祥国もちがうからテイストに差があるよ
ユニクロ
GAP

## GU

Japan

MEMO

最近はデザインが本当にかわいい！
海外製の商品でも、品質基準は日本なので
安心のクオリティ！

H&M
スウェーデン
攻めたデザインや
トレンド特化型商品多め!!
モード感が強く、
良くも悪くも
ヨーロッパらしさの出た
デザイン、
シルエットが目立つ。
初心者は
全身ではなく
1,2点コーデに
取り入れると
グッと
ハイセンスに！

FOREVER 21
アメリカ
ジャストトレンドな商品が多数!!
H&Mよりもモード感は
うすく、アメリカ寄り。
カジュアルだから、比較的
誰でも取り入れやすいデザインが多い!
柄のバリエーションが
とても多い◎

なるほどですねー
でもそれぞれ魅力的だから とても1つに絞りきれない…!!
絞らなくていいよ
へ!?
ファストファッション使い分けのコツとしてはとにかく2つ以上の店を混ぜてコーディネートすること!
カレーのルーと一緒で異なる会社の製品を混ぜると味に深みが出るんだ
Aカレー
Bカレー
おぉ〜! 主婦も納得の説得力!
全身ユニクロだとなんかアカ抜けないって人は
[before]
例えばスカートだけH&Mに変えてみると「プチプラ感」が薄れるよ!!
[After]
それイイ!
さすが庶民派スタイリスト!

CHAPTER 11 ／ ¥0コーデ！ 大人の食事デート服

—前回のあらすじ—
母ユミコを
「・お金をかけず
・ダサくなく
変身させてほしい」
というマユからの注文に
見事応えた久保田&光。
おかげで、職場の男性から
食事に誘われたというユミコ。
そこで今度は
大人の食事デート服
のコーデを依頼された2人。
果たして…！
イメージ図
マユ(16)
モデル志望
ユミコ(38)
シングルマザー
ペイズリー柄チュニック
花柄シャツ
テロテロリボンブラウス
ロングスカート
ひざ丈フレアスカート
花柄七分丈パンツ
ジーパン
ボーダー長袖Tシャツ
ローヒールサンダル
ローヒールパンプス
カーディガン
で今度はこの手持ちの服を使って大人のデート服コーデを組むわけね
すみません私は適当な格好でいいって言ったんですけどこの子がどうしてもって…
もう！おかーさんそんなんじゃ再婚できないよ！
こら マユ！
まあまあ！で そのお食事デートはどんな店に行くんですか？
いえ デートなんてそんな大それたものじゃ…
駅ビルの上居酒屋とレストランのあいだくらいのチェーン店だよ

ユミコさん 当日はどれを着て行くおつもりで?
はい 一応 こんな感じで行こうかと
リボンブラウス
カーディガン
黒ロングスカート
タイツ (110デニール)
ベージュモカシン
だから!! それじゃ重たいって!
春なんだから絶対こっちのがイイってば!!
ボーダー長袖T
カーディガン
花柄七分丈パンツ
ローヒールサンダル
ぬぅ さすがモデル志望 こしゃくなコーデ組みよるわ
光ちゃんより上手かもね
ぐぅ…
確かに――
ユミコさんのコーデは重たいし全体のシルエットがもったりしてて単調だ
すみません…
大してマユちゃんの方は服だけ見ればナイス・コーデだが着る人間との調和が考えられていない
!
そうか こういう春っぽい元気なカジュアルコーデは若くてピチピチしたマユみたいな身体には似合うけど――
そう!!
だらしないユミコの肉体にはもっとカッチリ感を取り入れたコーデがふさわしい!!
おかーさんを悪く言わないで!
…
と いうわけで 久保田'sコーデ

こちら!!
ハット
カーディガン肩かけ
花柄シャツ
ひざ丈セミフレアスカート
黒タイツ（60デニール）
スタンスミス
!!
薄手の黒タイツにスニーカーって大人女子ぽくて可愛い！
ちょっと！それ私のスタンスミス！あ 帽子も！
おー
ちょうどいいのがあったから借りた サイズもぴったり
ありがとうございます
もぉ!! 貸すだけだからね？
ここで選んだアイテムにはそれぞれ意味がある
①「襟つきシャツ」＝カッチリ感を出す
②「スカート」＝デートだからね
③「薄手タイツ」＝女性らしさ&軽さを演出
④「帽子」＝フレアスカートとバランスを取る
⑤「スニーカー」＝張り切り過ぎない外しアイテム
なるほどですねー!!
ガーサス。
……
ステキね！なんだか私じゃないみたい
でもウチの鏡ちょっとやせて映るけどね
服屋の鏡じゃよく聞く話だけどこんな普通の鏡でそんなことある？
さあ？
普通の鏡でも斜めに立てかけてあると頭が小さく脚が長く見えるんだ
垂直
ななめ
そーなの?!

こういう丸いものを映せばすぐ判別できる
時計↓
本当に「やせて映る鏡」なら縦長にゆがんで映るからね！
細く見える鏡
（業務用）
見え方
やがんでるっ!!!
普通の鏡
見え方
まんまる
よし これでもう騙されないぞ！
ん？これは？
昔おばあちゃんからもらったバッグ ほっといたらボロボロになっちゃった
ヴィトンじゃん!! だいぶ古いけど…
お恥ずかしいのですが 捨てるに捨てられずに 今日まで…
ハンドクリームあります？
？
はい ごく普通のものでしたら…
ん？もしや革パーツのお手入れをそれで…？
NIVEA

革は元々動物の皮膚だからね
革用オイルがなければ
手持ちのハンドクリームでお手入れは充分！
※まず目立たない場所で試してから自己責任でお願いします
でも肝心の本体が汚れとかキズがひどいよ？
ふふふ 光ちゃん！
今こそアレだ!!
!? アレですか!?
発動!!
ゴゴゴゴ
ステッカーチューン!!
説明しよう！ ステッカーチューンとは？
バッグやノートPCなどの持ち物に
ステッカーをペタペタ貼りまくり
お手軽におしゃれっぽくチューンアップ
するテクニックなのだ！
!?
DREAM
Smile

オラオラオラオラオラオラオラ
オラーッ!!!
どうじゃーい!!
!! ヤバーい♡
クッソ可愛いん
ですけど!
こら、マユ!
言葉づかい
気をつけなさい!!
光ちゃんは
仕事柄
こういうの
得意なんですよ
ステッカーは
私の私物だけど
サービス
しとくぜ☆

うん
完璧
なんじゃない⁉
パカーーんっ
おかーさん
すごくイイよ‼
ステキですよ
ユミコさん
ちょっと照れくさいですが
うれしいです
ありがとうございました‼
デート
うまくいくと
いいですね‼

では我々はこれで
出世払い楽しみに待ってるぜ？
マユ!!
当然でしょ
フツーに売れっ子モデルになるから
そこいばって言うトコじゃない!!
はいはい
コラ!!マユ!!!
マユ
久保田さんと光ちゃんに依頼してくれてありがとうね
服を着るのにワクワクしたのなんて何年ぶりかな
うん 私も
マジでびっくりした!!プロのスタイリストってスゴくない？
本当にね
モデルだけが服をステキに見せてるワケじゃないんだなー
あら？

もしかして
モデルより
スタイリストに
なりたくなっちゃった?
んー…
どっちも!!
…かな
よくばりね～～～
へへへ。
久保田サーン
依頼が
いっぱい来てますヨー

おー
そんなに来てるの？
服の悩みはつきないものですなぁ
すべて解決しようじゃないの
おしゃれの力で一人でも多くの人が幸せになれるように
久保田さんまたイイこと言ったわー
ハハハ
one

# あとがき

このたびは当おしゃれ相談所をご利用いただき、誠にありがとうございます。スタイリストの久保田です。

服の悩みは十人十色。みなさんの様々な相談にお答えするのは、正直ファッションモデルの衣装を選ぶよりはるかに難しく、私自身とても勉強になりました。

何より印象深かったのは、服を着替えたあとの相談者さんの笑顔。みんなまぶしいくらいに輝いた笑顔になり、まるで別人のようにかわいくなって帰っていかれたことが最高にうれしかったです。

「顔を変えても服は変わらないが、服を変えれば表情が変わる。表情が変われば運気が変わる。運気が変われば人生が変わる！」

という作中のセリフがありましたが、まさにその通りで、これこそがおしゃれをする真の目的なのです。相談者のみなさんが服を変えたことで笑顔になれたのは、すでに人生が変わり始めた証に他なりません。

実は学生時代の私は、取り立てておしゃれな人間ではありませんでした。そんな普通の田舎者が学校を卒業し、何をトチ狂ったか東京でレディスアパレル業界に飛び込んだときには、服の事など何も分からず四苦八苦しました。販売員として初めてマネキンに着せたコーディネートを見て、店長を始め先輩方が絶句していたことは今でも忘れられません。

あれから20年、ひたすら周囲のおしゃれ女子たちを観察・研究し、ときには彼女たちに教えを請うことで、今では誰よりも「おしゃれの仕組み」を理解していると自負しています。おかげでスタイリストとして服を選ぶお仕事や、おしゃれのノウハウを伝え広める機会をいただけるようになりました。

この本は、いわばその集大成ともいうべきものです。ぜひお手元においていただき、着るもので悩んだ際のヒントにしてもらえれば幸いです。そしてあなたの人生が「おしゃれの力」で少しでも良い方向に変わってくれたなら、これに勝る喜びはありません。

最後になりましたが、こんな素敵な本を作るチャンスをくださった担当編集の畑北斗さん、本当に本当にありがとうございました。ファッ

ション業界の常識は出版業界の非常識、私の見えないところで相当なご尽力をいただいたであろうこと、想像に難くありません。

そして無茶な要望ばかりの原作者に、最後までお付き合いいただいた漫画家の矢島光先生。あなたの画力と服を描くセンスがなければこの本は絶対に出来上がりませんでした。服の微妙なシルエットやニュアンスをちゃんとかわいく表現するには、単に絵が上手いだけではダメで、自身がおしゃれで服が大好きな漫画家さんでないと描けないのです。お力添えいただき、本当にありがとうございました。

そしてそして読者のみなさま、最後までお読みいただきましてどうもありがとうございました。どうか恐れず、照れず、身構えずにおしゃれを楽しんでみてください。カワイイ服じゃなく、あなたをかわいく見せる服を選んでください。

きっと昨日より幸せな今日になるはずですから。

久保田卓也

## 久保田卓也（くぼた・たくや）

スタイリスト。テレビ、ラジオ出演の他、デパートや企業でのトークショー、ファッションショーのプロデュースやファッションブランドの立ち上げ等も精力的にこなす。服を数値化した「K値」や「カウンター理論」でおしゃれを分析・実践するという独自のスタイリング理論を確立。著書に『大人のための私服の教科書』（飛鳥新社）『はずさない男の私服コーデ術・1〜8巻』（ごきげんビジネス出版・久保田フランソワ名義）など。

## 矢島光（やじま・ひかる）

東京都出身。慶應義塾大学在学中に、2011年モーニングmanga open（講談社）にて漫画家デビューする。大学卒業後は、某大手IT企業に就職。フロントエンジニアを経て、2015年春より専業漫画家に。著作に『彼女のいる彼氏』（新潮社）がある。



# マンガde学ぶ 大人のおしゃれ

2016年12月23日　第1刷発行

原作
久保田卓也

漫画
矢島光

作画スタッフ
平澤誓／岸本梨佳／吉良果林

発行者
土井尚道

発行所
株式会社　飛鳥新社
〒101-0003　東京都千代田区一ツ橋1-4-3　光文恒産ビル
電話　03-3263-7770（営業）　03-3263-7773（編集）
http://www.asukashinsha.co.jp

印刷・製本
中央精版印刷株式会社

落丁・乱丁の場合は送料当方負担でお取り替え致します。小社営業部にお送りください。



ISBN 978-4-86410-470-8



編集担当　畑北斗